Rubinius Rabenrot
Sabine Reimers

# Rentner Alfred und seine Abenteuer

## Mitmach-Geschichten für Senioren

SingLiesel

Druck: FINIDR, s.r.o.
Printed in Czech Republic
Satz und Cover: Röser MEDIA GmbH & Co. KG, Karlsruhe
ISBN 978-3-948106-01-0

2. Auflage

www.singliesel.de

# Inhalt

Vorwort . . . . . . . . . . . . . . . . . . . . . . . . . . . . 5
Dürfen wir vorstellen: Alfred! . . . . . . . . . . . . . . . . . . 9
Alfreds Stadt hat sich verändert . . . . . . . . . . . . . . . . 13
Alfred und seine Kinder . . . . . . . . . . . . . . . . . . . . . 17
Alfreds Liebesgeschichte . . . . . . . . . . . . . . . . . . . . 22
Alfred im Park . . . . . . . . . . . . . . . . . . . . . . . . . . 28
Alfred und das Lied . . . . . . . . . . . . . . . . . . . . . . . 34
Alfred und der Regenschirm . . . . . . . . . . . . . . . . . . 40
Alfred braucht Hilfe . . . . . . . . . . . . . . . . . . . . . . 45
Alfred und seine Freunde machen Gehirntraining . . . . . . . . 51
Alfred und der wundervolle Pappkarton . . . . . . . . . 58
Alfred und die grosse Wäsche . . . . . . . . . . . . . . . . . 63
Alfred kocht Kartoffeln . . . . . . . . . . . . . . . . . . . . . 68
Alfred packt Koffer . . . . . . . . . . . . . . . . . . . . . . . 72
Alfred und die Dinge, die immer ihren Ort wechseln . . . . . . 76
Alfred und die moderne Technik . . . . . . . . . . . . . . . . 81
Alfred und die Träume seiner Kinder . . . . . . . . . . . . 86
Alfred und Ewalds Spleen . . . . . . . . . . . . . . . . . . . 90

Alfred kann helfen . . . . . . . . . . . . . . . . . . . . . . . . . . . . 94
Alfred: Wenn „immer dasselbe“ endet . . . . . . . . . . 100
Alfred und der kleine Moses . . . . . . . . . . . . . . . . . . 107
Alfred Sherlock Holmes. . . . . . . . . . . . . . . . . . . . . . 114
Anhang: Sudoku . . . . . . . . . . . . . . . . . . . . . . . . . . . . . 120

# Vorwort

## Vom Konsumieren zum Interagieren

– mit Interaktionsgeschichten einen Beitrag zur kognitiven Stimulation von Seniorinnen und Senioren leisten

Die meisten Senioren mögen es, wenn etwas Schönes vorgelesen wird. Vielleicht eine lustige Geschichte, vielleicht eine jahreszeitlich passende, vielleicht auch mal eine ernste. Aus unserer Arbeit wissen wir, dass dann viele der Zuhörenden fast andächtig dabei sind, manche schlafen ein, einige können oder wollen der Handlung nicht folgen. Allen gemeinsam ist, dass sie überwiegend passiv konsumieren. Unbestritten hat auch das seinen Platz in der Betreuung alter Menschen, aber es wäre schade, wenn es die einzige Form des Vorlesens bliebe.

Mit dem vorliegenden Buch möchten wir deshalb einen Schritt weiter gehen. „*Kognitive Stimulation*" heißt das Schlagwort der Seniorenbetreuung der letzten Jahre, denn kognitive Stimulation führt die Zuhörenden vom passiven Konsumieren zur aktiven Interaktion. Es geht darum, kognitive Ressourcen zu nutzen und dadurch zu erhalten, den „Grips“ ein wenig herauszufordern, indem gerätselt oder gesungen und – ganz wichtig – im Gespräch die Erinnerung wachgerufen wird.

In zahllosen Studien wurde der positive Nutzen kognitiver Stimulation nachgewiesen. Bereits nach relativ kurzen (und daher sehr alltagstauglichen!) Einheiten von zweimal 45 Minuten pro Woche verbesserten sich die Gedächtnisleistung, die Kommunikationsfähigkeit und das allgemeine Wohlbefinden der Testpersonen.

Auch das „aktive Zuhören“ gehört in den Bereich der kognitiven Stimulation. Anhand der Identifikationsfigur Alfred, die in allen Geschichten in diesem Buch die Hauptperson ist, werden die Zuhörenden durch ihnen bekannte Lebensbereiche geführt. Dabei steht immer die aktive Auseinandersetzung mit dem Gehörten und dem Fortgang der Geschichte im Vordergrund. Durch gezielte Fragen werden Erinnerungen an die eigene Biografie angestoßen und dadurch der soziale Austausch gefördert – ein weiterer Puzzlestein der kognitiven Ressourcenerhaltung.

Die vorliegenden Alfred-Geschichten stimulieren die kognitiven Ressourcen auf zwei Wegen:

Zum einen stimulieren sie durch die Geschichten selbst. Anhand des reichen Erfahrungsschatzes aus der Alltagsbegleitung sind die Situationen Alfreds stets aus dem Alltag eines rüstigen Seniors gegriffen. Das ermöglicht eine Identifikation, aber auch eine kritische Auseinandersetzung: Kenne ich das auch? Hätte ich so auch gehandelt? Die als Interaktion eingeschobenen Fragen sollen diesen Rezeptionsprozess unterstützen und vorantreiben.

Zum anderen sind kleine Rätsel, Spiele oder Lieder in die Texte eingebunden. So werden die Zuhörenden an Alfreds Seite zu Handelnden, die vielleicht sogar das Rätsel vor der Hauptfigur lösen können oder sich zuerst an die fehlende Liedzeile erinnern.

In jedem Fall wird die Kommunikation zwischen den Zuhörenden und dem Vortragenden gefördert. Dabei spielt es keine Rolle, ob die Kinder dieses Buch dem Vater vorlesen oder eine Betreuungskraft einer Gruppe im Seniorenheim. Die sozialen Kompetenzen, wie aufeinander hören, miteinander sprechen und die Erfahrung des Gegenübers achten und wertschätzen, werden in jedem Falle eingefordert und geübt.

Durch diese themenzentrierten Interaktionen werden die kognitiven Ressourcen der Seniorinnen und Senioren gefordert und gefördert – aber wichtiger noch: Aus zahlreichen Probelesungen wissen wir, dass sich die Zuhörenden gern aus der Konsumentenrolle in einer echten Interaktion in die des Gegenübers begeben. Sie erfahren dann, dass ihre Lebenserfahrung wichtig und gefragt ist – und erleben, dass es in Kleinigkeiten doch ganz unterschiedliche oder auch ziemlich gleiche Wege zur Problemlösung geben kann. In jedem Fall erfahren sie das glückstiftende Gefühl der Wertschätzung, das weit über die „Vorlese“-Stunde hinausreicht.

Wir haben es uns zur Aufgabe gemacht, diese Geschichten für einen möglichst großen Kreis von Menschen verschiedener Altersstufen, Familienstände, Lebenserfahrungen und – auch das müssen wir ansprechen – Demenzstadien zu schreiben. Nicht alles ist sicher für alle im gleichen Maße geeignet, dennoch ist für jeden etwas dabei. Wir haben daher in den Interaktionen oft Alternativen angelegt, wie beispielsweise drei Fragemöglichkeiten statt einer. In diesem Fall kann die Person, die vorliest, auswählen, was für das Gegenüber oder die Gruppe an diesem Tag passend erscheint. Die Geschichten funktionieren ebenso ohne Interaktionen, sicher gibt es auch einmal das Gefühl, dass „heute“ ein Tag zum Konsumieren ist. Das hat ebenfalls seinen Platz in der Seniorenbetreuung!

In jedem Fall wünschen wir ein gutes Gelingen, tolle Interaktionen und spannende Unterhaltung mit den Seniorinnen und Senioren!

## Kapitel 1

# Dürfen wir vorstellen? Alfred!

Alfred Behrens ist ein Mann von 82 Jahren. Er wurde in der schönen Weserlandschaft geboren, in einem kleinen Ort am Fluss, nicht weit von der Stadt Bremen. Alfreds Gesicht ist mit Falten überzogen. Sein Haar ist, dem Alter geschuldet, silbernweiß und dennoch dicht und lockig. Er trägt es halblang, weil er es so schöner findet. Früher durfte er das Haar niemals lang tragen. Warum das so war, weiß er heute auch nicht mehr. Wahrscheinlich wegen des Berufs. Vielleicht aber auch, weil es sich nicht gehörte, dass Männer langes Haar trugen.

**Interaktion 1: Wie haben Sie die Haare früher getragen? An welchen Normen haben Sie sich dabei orientiert? Gab es in der Familie oder im Beruf Vorschriften?**

Alfred benötigt einen Stock – nicht immer, nur manchmal, wenn es ihm nicht ganz so gut gehen will. Und ab und zu, zum Beispiel beim Einkaufen, nutzt er neuerdings einen Rollator mit einem abnehmbaren Einkaufskorb.

Alfred Behrens ist mit seinen ein Meter sechzig ein eher kleiner Mann. Aber je älter er geworden ist, umso unwesentlicher wurde dies. Der Glanz in seinen haselnussbraunen Augen strahlt die Zufriedenheit aus, die Alfred schon sein ganzes Leben lang spürt.

Auch jetzt im Alter legt er viel Wert auf sein Äußeres, allerdings so, dass er möglichst nicht sonderlich auffällt. Gerne trägt Alfred Jeans, Cordhosen, Flanellhemden und Pullover. Seine Elly hat immer zu ihm gesagt: „Achte auf die Farben – sie sollten zueinander passen. Und Alfred, schau, dass du saubere Sachen trägst. Sauberkeit ist wichtiger als das modische Gedöns!" Daran hält er sich auch jetzt, er mag es nicht, nach Altsein zu riechen.

**Interaktion 2: Was sind Ihre Lieblingskleidungsstücke? Welche Lieblingskleidungsstücke hatten Sie in der Jugend – im Erwachsenenalter – heute?**

Alfred hat sein ganzes Leben als Konditor gearbeitet, bis er mit fünfundsechzig in Rente geschickt worden ist. Gerne ist er nicht in den Ruhestand gegangen. „Elly", hat er damals gesagt, „Elly, was machen wir denn dann nur? Was soll ich nur mit all den Stunden, Tagen und Wochen anfangen? Ich habe richtig ein bisschen Angst davor, nicht mehr gebraucht zu werden."

Aber es war an der Zeit, denn eigentlich konnte er nicht mehr. Die Kessel mit der Buttercreme wurden von Tag zu Tag schwerer. Die Bleche mit den Teigen konnte er nicht mehr so recht wuchten und vor allem die Hektik und der Zeitdruck, die die Arbeit mit sich brachten, wurden immer unerträglicher.

**Interaktion 3: Wie war es für Sie, als der Tag kam, als Sie in Rente gingen? Oder als Ihr Ehemann/Ihre Ehefrau in Rente ging? Wie hat sich das Leben verändert?**

Ja, er wollte mit der Arbeit aufhören, und nein, er konnte sich kaum vorstellen, wie das Leben ohne geregelte Arbeitszeiten aussehen sollte. Alfred war jahrzehntelang für all die Hochzeitstorten und Jubiläums- und Geburtstagstorten und überhaupt für die wichtigen Feste der kleinen Stadt mitverantwortlich gewesen. Er war so wichtig gewesen wie der Pastor. Na ja, beinahe. Der eine war für das Seelenheil der Stadt verantwortlich und er, Alfred, für das Genießen.

Alfred blickt gerne auf seine Berufszeit zurück – aber der Ruhestand hat auch so seine Vorteile: Er hatte viel mehr Zeit mit seiner Elly, er konnte morgens in Ruhe die Zeitung lesen und eine zweite Tasse Kaffee genießen. Nachmittags traf er beim Spazierengehen manchmal seinen Kumpel Ewald, manchmal den Günther oder den Winfried und konnte entspannt ein Schwätzchen mit ihnen halten, ohne von der Zeit gehetzt zu werden. Besonders diese kleinen Dinge, für die er nun Zeit und Ruhe findet, freuen ihn jeden Tag.

**Interaktion 4: Welche Dinge haben Sie im Ruhestand besonders schätzen gelernt? Was hat sich verändert, als Ihr Partner/Ihre Partnerin „in Rente“ ging? Welche Unternehmungen gab es dann, die neben dem Arbeitsleben nicht möglich gewesen wären?**

## Kapitel 2

# Alfreds Stadt hat sich verändert

Alfred ist in dem kleinen Ort an der Weser aufgewachsen, in dem er heute noch wohnt. Er hat als Junge im Sommer im Fluss gebadet und ist im Winter auf dem Deich gerodelt. Er hat im Laufe der Zeit unzählige Veränderungen gesehen. Den kleinen Ort seiner Kindheit und Jugend gibt es nicht mehr. Wo einst sein einstöckiges Geburtshaus stand, steht nun ein dreistöckiges Mehrfamilienhaus. So viele Straßen sind dazugekommen, so zahlreiche Häuser, dass es mittlerweile Gegenden gibt, die er abends, beim Spazierengehen, erst kennenlernen muss.

Die einstigen Häuser am Stadtrand, der Duft der Felder in der Luft, das Grillengezirpe, die Winde über den Wiesen sind verschwunden. Scheinbar sind die Felder und der Wald weiter rausgerückt. Als kleiner Junge war er schon nach zehn Minuten außerhalb der Stadt, heute braucht er fast eine halbe Stunde – und das hat nichts mit dem Alter zu tun!

**Interaktion 1: Wie hat sich Ihr Wohnort/Geburtsort verändert? Welche Gebäude vermissen Sie? Was ist schöner geworden?**

Mit dem Rollator kann Alfred, wenn er gut in Form ist, in einer Stunde von einem Ende der Stadt zum anderen gelangen. Das schöne kleine Haus, das er sich mit seiner Elly gebaut hat, lag früher am Stadtrand, in einer Gegend, die liebevoll „die Siedlung“ genannt wurde. An vielen Tagen kamen die Rehe über das Feld neugierig und schnuppernd zum Gartenzaun. Die Häuser wurden alle zur selben Zeit gebaut, viele junge Ehepaare, wie Alfred und Elly, erfüllten sich damals ihren Traum. Die jungen Paare wurden erst zu guten Nachbarn, dann zu Freunden.

**Interaktion 2: Wie haben Sie es erlebt, als Sie „sesshaft" geworden sind und lange in der gleichen Gegend gelebt haben – vielleicht sogar eine Familie gegründet haben? Erinnern Sie sich noch an Ihre Nachbarn? Gab es Freundschaften, die auch nach dem Wegziehen noch weiter Bestand hatten?**

Heute liegt „die Siedlung" inmitten eines belebten Stadtviertels. Die einstigen Felder sind bebaut. Bei Winnie, Alfreds Kumpel aus Kindertagen, ist das ganz anders. Der hat immer schon auf dem Bauernhof gelebt, den er jetzt seinem Sohn übergeben hat. „Von Generation zu Generation gibt man den Hof weiter – jeder macht etwas anders, jeder macht vieles gleich – so hält man die Tradition am Laufen", sagt Winnie oft. Er hilft noch fast jedem Tag seinem Sohn auf dem Hof. Besonders liebt er es, in seinem hohen Alter noch mit dem Trecker zu fahren.

Vor einigen Jahren ist Alfred in eine kleinere Wohnung gezogen, weil das Haus, in dem er mit Elly und den Kindern gewohnt hat, plötzlich zu groß geworden war.

**Interaktion 3: Haben Sie Lieblingsgeschäfte, in die Sie immer wieder gehen, weil Sie die Leute darin treffen wollen und ein Schwätzchen halten können?**

Alfred liebt seine kleine Stadt und dass er die meisten der Leute schon sehr lange kennt – seinen Bäcker, seinen Fleischer, seinen Kioskmann und die netten Kassiererinnen im Supermarkt – und natürlich die Mitarbeiterinnen und Mitarbeiter in der Konditorei, seine früheren Kolleginnen und Kollegen.

## Kapitel 3

# Alfred und seine Kinder

Alfred hat seine Elly kennengelernt, als er Anfang zwanzig war – und wie er nicht aufhört, zu betonen, war es gleich die Liebe seines Lebens. Nach ihrer Hochzeit zogen sie in das kleine selbst gebaute Haus am Stadtrand, in der Siedlung. Dann kamen die Kinder, drei! Zwei Jungen und ein Mädchen, Adrian, Richard und Christine. Alfred war unbeschreiblich froh über sein Familienglück.

**Interaktion 1: Wann haben Sie Ihren Ehepartner/Ihre Partnerin kennengelernt? Wann wurde geheiratet – oder haben Sie ohne Trauschein zusammengelebt? Haben Sie Kinder?**

Elly starb, als sie 76 Jahre alt war, und für Alfred brach eine Welt zusammen. Einige Zeit nach der Beerdigung kam Adrian, sein Sohn, eines Abends zu Besuch. Er hatte vier Flaschen Bier dabei, was darauf hindeutete, dass er etwas Wichtiges mit Alfred besprechen wollte.

„Papa", sagte er, „Richard, Christine und ich haben miteinander gesprochen. Wir denken, dass das Haus mit Garten doch sehr groß ist und viel Arbeit anfällt, um alles in Schuss zu halten."

Alfred nickte betrübt. Er hatte schon geahnt, dass dieses Gespräch eines Tages kommen würde, und fühlte sich gleichermaßen traurig und erleichtert. Adrian sprach weiter: „Wir würden es schön finden, wenn du es verkaufst und dir eine kleine nette Wohnung leistest. Vielleicht sogar eine barrierefreie, die keine Stolperschwellen hat und eine ebenerdige Dusche! Bestimmt gibt es was hier im Ort, dann bleibt alles gleich, aber du hast weniger Arbeit und weniger Sorge ums Haus!“

Alfred nickte wieder. Adrian hatte so recht. Aber das war schon ein gewaltiger Schritt und Alfred war sehr froh, dass er seinen Sohn dabei an der Seite hatte.

**Interaktion 2: Haben Sie auch im Alter Ihren Wohnsitz verlassen? Wie haben Sie sich dabei gefühlt? Was denken Sie heute über diese Entscheidung?**

Adrian stand seinem Vater zur Seite und sie verkauften das kleine Haus an eine nette junge Familie mit einem Baby. Alfred zog in eine altersgerechte Wohnung, ganz neu und mit einem elektrischen Notrufsystem. Zwei Zimmer, in denen Alfred seine Lieblingsmöbel aufgestellt hat, eine kleine Küche und ein Bad – sogar mit ebenerdiger Dusche. Er liebt sein neues, kleines Reich – trotzdem vermisst er das Leben mit Elly in ihrem Haus jeden Tag.

Wie sein Vater lebt Adrian auch in der kleinen Stadt an der Weser. Die beiden anderen Kinder hat es in die Welt hinausgetragen. Richard führte es über den Atlantik, nach New York. Als Grafiker gestaltet er die Reklametafeln, die nötig sind, um die Stadt bunt zu halten. Alfreds kleine Christine ist Mutter und Krankenschwester. Sie lebt in Hamburg und hat viel zu tun, daher kommt sie nur selten zu Besuch. Höchstens alle paar Monate.

Alfred erfüllt es mit Stolz, zu sehen, was die Kinder aus sich gemacht haben. Vor allem zu Adrian schaut er ein bisschen auf. Adrian ist Studienrat am Gymnasium der Kleinstadt, für Mathematik und Geschichte. Er und seine Frau Monika haben zwei Kinder. Es gibt auch Enkelkinder in Amerika und in Hamburg. Aber die sieht der Großvater eher selten – und dann meistens auf Fotos oder wenn Adrian ihm einen dieser kleinen Filme auf seinem Telefon zeigt.

**Interaktion 3: Haben Sie Kinder und Enkelkinder? Was haben Sie das letzte Mal zusammen gemacht, als Sie sie gesehen haben? Welche Berufe üben Ihre Kinder aus?**

Ein wenig ärgert Alfred der Umstand, dass er nicht mehr so gut hören kann. Seit Kurzem trägt er auf Drängen von Adrian ein Hörgerät. Ein lästiges Ding, das so unvorteilhaft und schwer am Ohr hängt, wie die Kirschen im Sommer in seiner Kindheit. Aber es hilft ihm wirklich, besser zu hören, er nimmt sogar das Vogelgezwitscher wieder wahr.

Manchmal allerdings piept das Teil los und lenkt alle Aufmerksamkeit auf Alfred. Gerade in der Kirche ist das eine peinliche Angelegenheit. Dann wieder schmerzt ihn sein Herz und gelegentlich spürt er seine Hüfte heftiger, als ihm lieb ist. Ja, und das Gedächtnis spielt ihm des Öfteren Streiche. Alfred tut, was er kann, um sein Leben zu bewältigen – und bei dem, was er nicht mehr kann, da helfen ihm die Kinder.

**Interaktion 4: Was können Sie heute noch gut allein schaffen, das Sie stolz macht?**

## Kapitel 4

# Alfreds Liebesgeschichte

Alfred lebt seit dem Tod seiner Frau Elly vor sechs Jahren allein. Aber manchmal, wenn er an den Tag zurückdenkt, an dem er Elly zum ersten Mal getroffen hat, dann ist ihm so, als wäre es erst gestern passiert.

Wirklich, es war der schönste Moment auf Erden gewesen. Damals war Alfred zweiundzwanzig Jahre jung. Es war im Juni – oder vielleicht doch im Juli? Das wusste Alfred nicht mehr so genau, aber es war im Sommer gewesen, zur Zeit des großen Jahrmarktes! An diesem Tag zeigte sich das Wetter von seiner prächtigsten Seite. Der Himmel war leuchtend blau und auf dem Volksfest roch es nach Zuckerwatte, Bratwurst und karamellisierten Mandeln.

**Interaktion 1: Erinnern Sie sich daran, wie es früher auf dem Jahrmarkt war? Welche Buden und Karussells mochten Sie in Ihrer Jugend besonders gern? Wie oft im Jahr sind Sie auf den Jahrmarkt gegangen?**

Alfred genoss den Rummel, wie jeder junge Mann zu dieser Zeit. Als er sich wieder auf den Weg nach Hause begab, sah er SIE zum ersten Mal. Sie stand vor einigen Mädchen auf dem Gehweg, mit dem Rücken zu ihm. Die Mädchen witzelten und pickten, lässig an den Zaun gelehnt, mit den Fingern gebrannte Mandeln aus lila gestreiften Papiertütchen.

Gebannt starrte Alfred über die Straße zu den jungen Frauen hin. Genau genommen betrachtete er allein den Rücken des Mädchens, das zu ihm abgewandt stand. Obwohl er sie nur von hinten sah, faszinierte ihn etwas an ihr. Ihre schlanke Gestalt, ihre weichen Bewegungen, ihr blondes Haar, die Leichtigkeit, die sie ausstrahlte. Sie fesselte ihn. Mit einem Mal, ganz plötzlich, hörten die Mädchen am Zaun auf zu kichern. Sie starrten zu Alfred herüber. Und jene, die ihm den Rücken zugewandt hatte, drehte sich jetzt zu ihm um.

Es war das schönste Mädchen, das er je gesehen hatte. Ihre helle Haut schimmerte samtweich, und als er in ihre blaugrünen Augen blickte, war es, als würde er in eine neue Welt eintauchen. Unvermittelt fingen die Mädchen am Zaun an zu kichern und zeigten mit dem Finger auf Alfred.

**Interaktion 2: Wie haben Sie Ihren Partner/Ihre Partnerin kennengelernt? Waren andere dabei oder wurden Sie sogar „verkuppelt“? Erzählen Sie uns vom Beginn Ihrer Liebesgeschichte!**

Mit gesenktem Blick ging Alfred weiter und stemmte die Hände in die Hosentaschen. Schon bald tat es ihm leid, dass ihm der Mut gefehlt hatte, das Mädchen anzusprechen. Bedrückt verließ er das Volksfest. Aber diese Sekunden, in denen er sie angesehen hatte, hatten etwas in ihm verändert.

Die Wochen vergingen. In seiner Erinnerung stand das Lächeln der jungen Frau noch immer strahlend vor ihm. Und dann geschah es. An einem regnerischen Abend, Ende Oktober, ging Alfred ins Kino. Erschöpft von der harten Arbeit als Konditor, nach Butter und Zucker riechend, stellte er sich müde in die Schlange vor der Kinokasse. Vor ihm in der Reihe stand ein Pärchen. Sie blond und etwas größer als Alfred. Ihre Figur war wunderschön. Neben ihr, breitschultrig und hochgewachsen, mit dünnem, blondem Haar, ihr Freund – oder vielleicht sogar ihr Mann? Die Hand des Herrn lag entspannt auf der Schulter der Frau, während er mit ihr sprach. Irgendetwas an der Frau kam Alfred vertraut vor. Doch woher sollte er sie kennen?

Die Stimme der Frau klang wohltuend und angenehm. Völlig unerwartet wandte sie sich zu ihm um. Sie sah Alfred an und stockte einen Moment. Die junge Frau schaute ihn an, als käme er ihr bekannt vor, und er errötete. Er hatte sofort erkannt, wer sie war. Es war das Mädchen vom Jahrmarkt!

„Verzeihen Sie, sind Sie nicht der Konditor bei Uhlwig, der für meinen Cousin Max Eggers diese zauberhafte Hochzeitstorte gemacht hat?“, erklang ihre Stimme.

Verwirrt hörte Alfred ihre Worte. Was hatte sie gesagt? Sie hatte mit ihm gesprochen! Sein Herz raste.

„Oh ja, sicher, das bin ich!“, erwiderte er und sogleich schoss ihm all sein Blut in die Wangen und ein brennendes Hummerrot oder vielleicht gar Tomatenrot breitete sich in seinem Gesicht aus.

**Interaktion 3: Erinnern Sie sich an den Moment, als Ihr Schwarm Sie das erste Mal angesprochen hat oder als Sie zum ersten Mal mit Ihrem Schwarm gesprochen haben? Wie haben Sie sich gefühlt? Was haben Sie unternommen?**

„Ich bin Elly Seegers“, stellte sie sich vor und reichte ihm die Hand.

Niemals vorher hatte er eine zartere, weichere Haut berührt. „Alfred Behrens“, stammelte er. Seine Stimme klang wie ein eunuchisches Gepiepse. Und den Bruchteil einer Sekunde lang, gänzlich aus dem Gleichgewicht geraten, sah er zu ihrem hochgewachsenen Begleiter auf.

„Das ist Klaus, mein Bruder“, stellte sie den Begleiter an ihrer Seite vor.

„Ach, Ihr BRUDER!“, Alfred stöhnte hörbar erleichtert auf, was Elly Seegers sichtlich irritierte, dennoch sprach sie freundlich weiter: „Wenn ich je heirate, müssen Sie für mich eine ebenso wundervolle dreistöckige Torte mit Marzipanrosen und prächtigen Verzierungen aus weißer Schokolade herstellen!“

**Interaktion 4: Wie haben Sie Hochzeit gefeiert? Was gab es Gutes zu essen? Wie sah die Torte aus? Was war der schönste Moment auf Ihrer Hochzeit?**

Einen Augenblick lang betrachtete Alfred ihre Lippen, ihre Wangen, ihr gelocktes blondes Haar und lauschte ihrer samtweichen Stimme. Und da blitzte ein Bild in seinem Kopf auf: Die umwerfende Elly im Hochzeitskleid und einem ewig langen weißen Schleier lächelte genau die Hochzeitstorte an, die sie sich wünschte – aber sie hielt mit ihm das Messer in der Hand, um sie anzuschneiden.

## Kapitel 5

# Alfred im Park

In der kleinen Stadt an der Weser, in der Alfred seit seiner Kindheit lebt, gibt es einen Park. Am Eingang des Parks steht eine vierhundert Jahre alte Silberlinde. Aus den Resten der alten Weserbrücke sind viele der steinernen Bänke erstellt worden. Obwohl er einen Spaziergang entlang des Flusses auch nicht verachtet, liebt Alfred es sehr, durch den Park zu schlendern. Und neuerdings hat er dort sogar einen Freund gefunden, den er jeden Tag, wenn die Witterung es zulässt, besuchen geht.

Adrian, sein Sohn, ermahnt den Vater ebenfalls, so oft wie möglich einen Spaziergang zu unternehmen.

„So einfach ist das nicht immer!“, entgegnet ihm Alfred dann.

„Aber Papa, du hast doch Zeit“, hält Adrian ungeduldig dagegen.

„Ja, ja“, lautet die Antwort des alten Mannes.

Adrian schaut ihn lächelnd an und tätschelt liebevoll den Unterarm des Vaters.

So leicht, wie der Sohn meint, ist es allerdings wirklich nicht. Die Leute denken immer, dass Rentner alle Zeit der Welt gepachtet hätten. Das werden all seine Rentnerkollegen bestätigen. Aber: Erst einmal geht alles langsamer, was auch immer man in Angriff nehmen möchte. Dann muss man als betagter Mensch viel öfter zum Arzt und viele Stunden muss man in den überfüllten Wartezimmern die Zeit totschlagen.

Hinzu kommt, dass der Körper im Alter auch nicht mehr so ausdauernd ist. Ein Einkauf dauert die Ewigkeit eines ganzen Vormittags. Alles dauert mindestens doppelt so lange wie früher. Und wenn Alfred vom Einkauf zurückkehrt, fühlt er sich meist abgekämpft und müde. Dann ist er sehr froh, sich mit einem Glas Wasser oder Saft auf den Balkon zu setzen. Oder wenn es gar nicht mehr geht, sich einfach kurz aufs Bett zu legen.

**Interaktion 1: Haben Sie das Gefühl, heute mehr oder weniger Zeit zu haben? Wie sieht Ihr Tagesablauf aus, haben Sie feste Zeiten für bestimmte Dinge? Kennen Sie Langeweile?**

Heute ist Alfred freudig zu seinem Spaziergang im Park aufgebrochen. Mit dabei ist eine kleine Tüte, die er extra vorbereitet hat, um seinen neuen Freund zu überraschen. Der Senior geht mit seinem Gehstock auf der neuen Brücke mit ihren blau gestrichenen Bögen über die Weser, am Rathaus und der Polizeistation vorbei, bis zur Silberlinde am Eingang des Parks. Egal ob im Sommer, Herbst oder Winter, immer ruht er sich fünf Minuten lang auf der ersten Steinbank der Parkanlage aus und manchmal, wenn es nottut, auch etwas länger. Gut, dass Adrian ihm so ein Sitzkissen geschenkt hat, es ist ganz klein und leicht und hilft gegen die Kälte und Nässe der Steinbank ganz wunderbar. Anschließend läuft Alfred weiter in den Park, er hat eine bestimmte Gruppe von Fichten im Auge. Da möchte er hin.

**Interaktion 2: Wie gehen Sie am liebsten spazieren? Schlendern Sie einfach herum oder gehen Sie eine bestimmte Runde oder haben Sie gern ein Ziel vor Augen?**

Heute ist das Wetter sehr schön und Alfred genießt die Sonne auf seinem Gesicht. Er setzt sich auf die Bank unter den Fichten und wartet gespannt. Ob er auch heute wieder kommen wird? Ein Schmunzeln breitet sich in seinem Gesicht aus, als er einen kleinen roten Fleck ganz oben in der Fichte wahrnimmt. Der Fleck springt hektisch hin und her. Vorsichtig, aber doch mit hörbarem Rascheln legt Alfred die Papiertüte neben sich auf die Bank und entnimmt ihr eine Erdnuss. Keine dieser gesalzenen und überfetteten Dinger, sondern eine ganze, noch mit Schale. Alfred weiß genau, dass sein kleiner Freund genau diese liebt.

**Interaktion 3: Wissen Sie, welchen kleinen Freund Alfred heute verwöhnen möchte?**

Benni, so hat Alfred das kleine rote Eichhörnchen genannt, ist schon ein paar Wochen sein Freund. Erst ganz scheu, kam er doch jedes Mal, wenn Alfred auf der Bank bei den Fichten saß, ein bisschen näher. Dann kam der Senior auf die Idee mit den Erdnüssen – und das Eis war gebrochen. Zwar war Benni scheu, aber auch verfressen ...

Zunächst nahm das kleine Wesen die Nuss nur an, wenn Alfred sie ihm zum Baum hinwarf. Dann wagte das Eichhörnchen sich näher, wobei es den alten Herrn aus aufgeregt blitzenden Augen immer neugierig beobachtete. Und vorgestern ist es schließlich das erste Mal so weit gewesen: Benni setzte sich neben Alfred auf die Bank und nahm mit seinen entzückenden kleinen Pfötchen die Nuss aus der Hand – blitzschnell schob er die Beute hinter die Nagezähne und verschwand damit auf einen Ast der Fichte, um sie in sichererem Abstand zu vertilgen.

**Interaktion 4: Beobachten Sie gerne Tiere, vielleicht im Park oder im Garten? Ist eines vielleicht sogar so zahm, dass Sie es füttern können? Oder haben Sie so etwas in der Vergangenheit erlebt?**

Alfred seufzt, denn Benni lässt sich heute viel Zeit. Er ist immer noch nicht von dem Ast heruntergekommen. Der Senior kann das Eichhörnchen gar nicht mehr sehen, offenbar ist es zu weit hochgeklettert. „Treulose Tomate, ist wohl satt“, denkt Alfred und seufzt noch mal. Was macht man da? Rufen hilft bei so einem scheuen Tier wohl nichts ...

Traurig will Alfred seine Tüte einpacken – da erstarrt er. Was war das für ein Rascheln? Als würden die Nüsse selbst aus der Tüte spazieren? Ganz, ganz langsam, kaum merklich wendet Alfred den Kopf nach rechts ... und ein breites Grinsen überzieht sein Gesicht. Benni muss sich von hinten an die Bank angeschlichen haben und bedient sich nun selbst an der Tüte. Gerade hat er eine Nuss herausgezogen. Nun hockt er sich wie selbstverständlich neben Alfred und beginnt mit dem Abnagen der Schale. „So ein freches Kerlchen!“

Alfred fällt es schwer, Benni nicht zu streicheln, denn das würde ihn sicher vertreiben. Aber eines ist ganz klar. Leise murmelt er: „Morgen komme ich dich wieder im Park besuchen. Mit Erdnüssen!“ Und Benni schaut zu ihm auf, als wenn er sagen wollte: „Das gefällt mir sehr gut! Bis morgen dann!“ Mit einem gewandten Sprung ist er von der Bank runter und flitzt zur Fichte.

## Kapitel 6

# Alfred und das Lied

Eines Morgens erwacht Alfred aus einem tiefen Schlaf. Gut hat er die Nacht über geschlafen. Sehr gut sogar! Nur einmal ist er gezwungen gewesen, das wohlig-warme Bett zu verlassen und schlaftrunken die Toilette aufzusuchen. Ansonsten hat er geschlafen wie ein Stein – oder wie ein Bär, wie man so schön sagt.

Wohlig, mit einem Lächeln auf den Lippen streckt und reckt Alfred sich unter der Bettdecke.

Aber dann hält er einen Moment lang inne. Irgendetwas ist anders an diesem Morgen. Etwas in seinem Kopf fühlt sich ganz anders an. Nein! Nicht nur in seinem Kopf. Das Gefühl, es ist im ganzen Körper. Er nimmt es kaum wahr und doch ist es da. Seit er erwacht ist, wiederholt sich etwas in seinem Kopf. Es breitet sich von der Mitte des Kopfes aus, wie ein sich immer drehender Leierkasten. Er bemerkt eine Melodie. Er kann die Musik kaum hören. Aber es ist kein ganzes Lied, nur ein bisschen davon ... Er kann das Bruchstück der Melodie keinem Lied zuordnen. Aber es spult sich immer wieder in seinem Kopf ab. Mit den Fingerspitzen tippt sich Alfred gegen seine Stirn. Weshalb fällt ihm das Lied zu dieser Melodie nicht ein?

**Interaktion 1: Kennen Sie dieses Phänomen eines „Ohrwurms", dass man immer und immer wieder den gleichen Ausschnitt aus einer Melodie hört? Dass das nicht aufhören will? Was kann man dagegen tun?**

Alfred rappelt sich aus dem Bett auf. Im Bad steht er vor dem Spiegel und beobachtet sein Gesicht. Nichts, was sich seit gestern geändert, verbessert oder verschönert hätte.

Alfred lächelt sein Spiegelbild an und die Melodie dreht sich weiter in seinem Kopf. Nicht das ganze Lied – nur dieses eine Stückchen daraus, diese eine Zeile, diese paar Noten. Ein Ohrwurm! Ja, jetzt hat er es. Er ist einem dieser Ohrwürmer aufgesessen. Einem Ohrwurm, von dem er nicht mal weiß, wie er heißt!

Alfred frühstückt mit dem Ohrwurm. Mit dem Ohrwurm im Ohr bestückt er die Waschmaschine. Er räumt das Geschirr aus der Spülmaschine und mit dem Ohrwurm im Kopf in den Schrank. Langsam fängt er an, den Ohrwurm in seinem Kopf mit einem Summen zu begleiten, und plötzlich, so völlig ohne Vorahnung, erscheint ihm eine Erinnerung vor seinem geistigen Auge: Er als kleiner Junge inmitten seiner Klasse, es war die zweite, vielleicht die dritte, und vorne mit einem Taktstock in der Hand Frau Petermann mit dem Glasauge, seine Musiklehrerin ...

**Interaktion 2: Was haben Sie als Kind getan, um weit entfernte Freunde mit Ihrer Stimme besser zu erreichen? Um jemandem, der sehr weit entfernt ist, etwas zuzurufen?**

**Richtig, man formt die Hände zu einem Trichter. Aber was hat das mit unserer Geschichte zu tun? Alfred**

**ist genau das eingefallen zu der Melodie. Es war ein Lied, zu dem irgendwie diese Geste gehörte. Und noch mehr ...**

Alfred legt die Hand an den Mund und dann hinter die Ohrmuschel, so als könne er dann etwas, das jemand ganz leise sagt, besser verstehen. Irgendetwas war da mit dieser Melodie. Rufen durch einen Handtrichter, dann die Ohrmuschel vergrößern ... Moment! Alfred lässt fast die Unterhose fallen, die er gerade aus dem Trockner gefischt hat ... da war noch was dazwischen! Beide Hände zusammenlegen an die Wange und die Augen schließen! Ja, und jetzt fiel Alfred das Lied auch wieder ein!

**Interaktion 3: Kennen Sie das Lied auch? Auf der ganzen Welt lernen es Kinder in allen Sprachen mit den gleichen Gesten.**

**Machen wir doch mal, was Alfred eingefallen ist:**

- **Erst die Hände zum Trichter formen,**
- **dann die Hände zusammen an die Wange legen,**
- **jetzt eine Hand hinter das Ohr legen.**
- **Und zum Schluss tun wir so, als würden wir die Kirchenglocken mit dem dicken schweren Glockenseil läuten.**

**Na, haben Sie schon eine Idee, wie das Lied heißt?**

Am Ende musste er noch am Glockenseil ziehen. Und so, mit diesen Gesten hat seine Lehrerin, Frau Petermann, damals den Kindern das Lied beigebracht. Mit den Gesten war es ein Leichtes gewesen, den Text zu lernen, und mit den Gesten wurden die Worte noch deutlicher.

Als Alfred heute Morgen aufgewacht ist, hat er plötzlich die dritte Zeile von Bruder Jakob in seinem Kopf gehabt, ein Lied, das er vor mehr als fünfundsiebzig Jahren gelernt hat. Frau Petermann hat der Klasse damals gezeigt, wie einfach man ein Lied lernen kann. Und das Gute, das noch dazukam: Die ganze Klasse bewegte sich gemeinsam im Rhythmus des Liedes.

**Interaktion 4: Jetzt wollen wir das Lied aber auch einmal mit Gesten singen! Bestimmt können Sie sich auch noch daran erinnern!**

Die rechte Hand als Trichter am Mund:

**Bruder Jakob**

Die linke Hand als Trichter am Mund:

**Bruder Jakob**

Die zusammengelegten Hände an der rechten Wange:

**Schläfst du noch?**

Die zusammengelegten Hände an der linken Wange:

**Schläfst du noch?**

Die rechte Hand als Trichter am Ohr:

**Hörst du nicht die Glocken?**

Die linke Hand als Trichter am Ohr:

**Hörst du nicht die Glocken?**

Mit der rechten Hand am Glockenseil ziehen:

**Ding**

Mit den Händen am Glockenseil ziehen:

**Dang**

Mit den Händen am Glockenseil ziehen:

**Dong**

Nachdem Alfred das Lied ein-, zweimal für sich durchgesungen hat, ist der Ohrwurm verschwunden. Welch ein Glück!

## Kapitel 7

# Alfred und der Regenschirm

Heute ist ein geschäftiger Tag für Alfred. Er hat viel in der kleinen Stadt zu erledigen. Für ihn früh, um neun Uhr, geht er aus dem Haus. Und da das Wetter eher nach Regen aussieht, hängt er sich vorsichtshalber seinen, wie er findet, schicken Regenschirm über den Arm. So ausgerüstet, macht sich Alfred mit Hilfe seines Rollators auf den Weg.

Der Regenschirm war ein Geschenk seines Sohnes Adrian zu seinem fünfzigsten Geburtstag – das ist jetzt schon über dreißig Jahre her! Damals fand Alfred den Regenschirm (dunkelblau, mit einem Griff aus geschnitztem Walnussholz) wenig aufregend, wenn nicht zu sagen, eher etwas altbacken – und hässlich. Wie ein Wurzelmännchen sah der Griff aus. Niemals vorher hatte er einen Regenschirm benutzt und besessen schon gar nicht. Aber mit der Zeit war ihm gerade dieser dann doch ans Herz gewachsen.

**Interaktion 1: Was war für Sie ein ganz besonderes Geschenk Ihrer Kinder? Welche Bedeutung hatte das Geschenk für Sie? Haben Sie das Geschenk aufgehoben?**

Als Erstes geht Alfred in die noch geschlossene Bank. Dort kommt er um diese Zeit nur bis zum Vorraum, zu den Automaten. Um freier hantieren zu können, hängt er den Schirm an seinen Rollator.

Als Nächstes betritt er die Bäckerei. Dort kauft er ein Vollkornbrot mit Walnüssen, das isst er gern zum Abendbrot. Frau Schlamm aus der Bäckerei ist immer besonders freundlich: „Guten Tag, Herr Behrens! Das schöne Nussbrot, wie immer? Gut, dass Sie Ihren Schirm dabeihaben, es sieht ja aus, als könnte es jeden Moment losregnen!“ Alfred nickt und hängt sich den Schirm über den Arm, um zu bezahlen.

Danach geht Alfred in die Metzgerei, in der er seine Lieblingssalami besorgt. Auch Frau Malz spricht ihn auf den Schirm an: „Ist das nicht schwierig mit dem Rollator und dem Regenschirm?“

„Ja“, antwortet Alfred, „wenn es regnet, dann muss ich den Schirm mit einer Hand halten und mit der anderen den Rollator steuern. Aber wenn es regnet, ist es auch schnell ein bisschen glatt, sodass ich lieber mit Rollator als mit dem Stock gehe.“ Frau Malz nickt und wünscht Alfred einen guten Tag und dass er gut nach Hause kommt.

**Interaktion 2: Welche Erledigungen machen Sie mit Hilfsmitteln? Benutzen Sie einen Gehstock, einen Rollator oder gehen Sie am liebsten in Begleitung? Wo sehen Sie Vor- und Nachteile der Hilfsmittel?**

Nachdem er schon so viel erledigt hat, gönnt sich Alfred erst mal eine Limonade am Kiosk. Dabei kauft er auch gleich die Fernsehzeitschrift und das neue Rätselmagazin. „Das ist gut für dich, Papa, das hält den Kopf fit“, erklingt Adrians Stimme in seinem Kopf. Aber sein Sohn hat recht. Jeden Tag ein Rätsel, das ist schon gut so.

Als Alfred noch unter der kleinen Überdachung des Kiosks steht, beginnt es zu regnen. Ein richtiger Wolkenbruch! Gut, dass Klaus, der Kioskmann, sich gern mit ihm unterhält. So reden die beiden Männer über dies und das und auf einmal scheint die Sonne wieder. Alfred bedankt sich für die Limo und das nette Gespräch und zieht weiter.

Er besucht den kleinen Bioladen und den Buchladen. Dann ist er reif für eine längere Pause und sucht das Café auf. Im Kaffeehaus trifft er Günther, seinen alten Arbeitskollegen, und sie setzen sich gemeinsam an einen Tisch am Fenster. Schnell vergeht eine Stunde voller Neuigkeiten und Erinnerungen. Dann brechen beide Männer auf, es ist Zeit für das Mittagessen.

**Interaktion 3: Erinnern Sie sich, an welchen Stationen Alfred an diesem Morgen war? Können Sie diese Läden noch in die richtige Reihenfolge bringen? Wen hat er alles getroffen?**

Nach dem Mittagsschlaf sitzt Alfred bekümmert zu Hause am Esstisch. Er rührt seit geraumer Zeit, vielleicht seit zehn Minuten, den Kaffee in seiner Kaffeetasse um. Der schöne Schirm, das Geschenk von Adrian, ist doch tatsächlich nicht mehr dagewesen, als er nach Hause gekommen ist. Nun denkt Alfred angestrengt nach, wo er überall war. Und wo er ganz sicher noch den Schirm gehabt hat. Eigentlich bleiben da nur vier Möglichkeiten, wo er sein könnte.

Alfred seufzt und ist sich sicher, dass er morgen noch mal die gleiche Tour ablaufen muss – so ein Schirm kann ja nicht einfach verschwinden! Aber heute Nachmittag fühlt er sich zu erschöpft.

**Interaktion 4: Haben Sie schon mal etwas verloren oder liegen lassen und es hat den Weg zu Ihnen zurückgefunden? Was denken Sie, was kann mit Alfreds Schirm passiert sein? Raten Sie!**

Gegen Abend ruft Günther an. „Mensch, Alfred, du da ist mir was passiert! Unser Treffen hat noch ein Nachspiel!“

„Günther, was ist los?“

„Im Café, nach dem ganzen Gequatsche, da war ich so tralla, dass ich glatt meinen Schirm vergessen habe.“

‚Macht dann schon zwei‘, denkt Alfred und nimmt sich vor, als Erstes morgen zum Café zu gehen.

„Ich habe meinen schönen Schirm mit dem dunkelblauen Karomuster und dem Ledergriff da liegen lassen. Stattdessen hab ich so'n ollen, langweiligen blauen mit 'nem geschnitzten Griff genommen. Hässliches Ding, sieht aus, wie ein missratenes Wurzelmännchen.“

Alfred beginnt zu lachen und kann gar nicht mehr aufhören.

## Kapitel 8

# Alfred braucht Hilfe

Eigentlich ist heute ein schöner Tag. Heute ist Dienstag und dienstags kommt Adrian zu seinem Vater zu Besuch. Alfred besorgt immer süße Teilchen oder Kuchen und dann wird gemütlich Kaffee getrunken. Aber heute nimmt der gemeinsame Plausch eine Wendung, die Alfred gar nicht gefällt.

**Interaktion 1: Kommen Ihre Kinder regelmäßig zu Besuch? Oder andere Freunde? Gibt es dann kleine Rituale wie Kaffeetrinken oder gemeinsames Fernsehgucken?**

Der Kuchen ist schon gegessen, es gab Bienenstich, den beide besonders mögen. Nach der zweiten Tasse Kaffee muss Adrian auf die Toilette. Und damit nimmt, wie Alfred es in der Erinnerung betitelt, das Unglück seinen Lauf.

„Papa, es wird Zeit, dass wir mal miteinander reden. Bei dir riecht es sehr seltsam auf der Toilette. Und wenn ich ehrlich bin, war es hier in deiner Wohnung auch schon mal sauberer."

Alfred merkt, wie er sauer wird. Erstens ist das seine eigene Angelegenheit und zweitens ... in den Ärger mischt sich plötzlich eine kleine Stimme: „Überleg mal, das hat Adrian nicht gesagt, weil er dich ärgern will."

Gut, das Saugen geht ihm schon auf den Rücken und mehr als einen Raum kann er wirklich nicht mehr schaffen. Wäsche zu waschen schafft er sehr gut. Aber das Herausnehmen der nassen Stücke ist anstrengend, dafür muss Alfred all seine Geschicklichkeit aufbieten, um die Kleinteile, die sich immer ganz hinten in der Trommel verstecken, gebückt herauszufischen. Das Bettbeziehen ist eine Aufgabe, die schon fast den ganzen Tag beansprucht.

Zum Putzen der Waschbecken, des WCs und vor allem dem Schrubben der Böden hat er weder die Kraft noch die Lust. Den Kühlschrank hat er beim Einzug in die Wohnung neu bekommen. Seitdem hat er ihn noch nie abgetaut und gereinigt.

**Interaktion 2: Angenommen, lieber Besuch kündigt sich an, was müsste dann dringend noch vorher gemacht werden? Welche Tätigkeiten im Haushalt waren/sind für Sie am anstrengendsten?**

Wenn er ehrlich zu sich ist, hat Adrian recht. Es riecht in der Wohnung unangenehm, wenn man von draußen reinkommt.

„Ich habe da eine Idee!", fährt Adrian fort. „Weder ich noch Monika können dich beim Putzen unterstützen, aber wir können dir helfen, jemanden zu engagieren. Die Putzhilfe würde vielleicht ein- oder zweimal in der Woche kommen und das Nötigste tun. Wir können die Kosten übernehmen und vielleicht gibt es sogar einen Zuschuss von deiner Pflegekasse dazu!"

Alfred überlegt. Jemand Fremdes würde seine Wohnung putzen und vielleicht sogar, Gott bewahre, seine Unterhosen aus der Waschmaschine holen und zusammenlegen? Na gut, ehrlich gesagt, wäre das schon eine Erleichterung.

Aber trotzdem! Irgendetwas stört ihn an einer Haushaltshilfe. „Ich will nicht, dass eine fremde Person in meinen Sachen rumschnüffelt", murmelt er vor sich hin. Aber irgendwie war das auch nicht der Grund. Hm, was dann?

Adrian sieht ihn an und fragt: „Was gibt es bei dir in der Wohnung, was ein anderer nicht sehen sollte?"

„Eigentlich gar nichts", antwortet Alfred. „Aber das kommt jetzt recht plötzlich, ich muss das erst mal sacken lassen." Adrian versteht das natürlich und verabschiedet sich liebevoll.

**Interaktion 3: Haben Sie eine Hilfe in Ihrem Haushalt (gehabt)? Oder sind es die Kinder, die dabei helfen? Wie war es für Sie, sich einzugestehen, dass Sie nicht mehr alles allein schaffen und der Zeitpunkt gekommen ist, Hilfe anzunehmen? Gab es ein bestimmtes Ereignis oder warum haben Sie sich entschlossen, dass es jetzt so weit ist?**

Alfred ist sehr aufgeregt, als er das erste Mal seiner Haushaltshilfe die Tür öffnet. Adrian begleitet sie, damit er mit der ersten Begegnung nicht allein ist. „Hi,

I'm Josie", sagt die junge Frau mit dunkler Haut. Als sie merkt, dass Alfred sie nur verständnislos anglotzt, versucht sie es auf Deutsch.

„Ich bin Josie", sagt sie freundlich und reicht ihm die Hand. „Hello, how do you do; wie geht es Ihnen?", kratzt Alfred mühsam seine eingestaubten Englischkenntnisse zusammen und schüttelt ihre Hand. „Danke, sehr gut", entgegnet die junge Frau und lächelt.

„Sie heißt Josie und ist eine Pflegerin aus Nigeria", stellt Adrian sie vor. „Sie möchte gern bei dir arbeiten."

„Hm", ist alles, was Alfred zu sagen imstande ist. Er dreht sich um. Adrian sieht seinen Vater an und rollt mit den Augen.

Josie tippt dem alten Mann auf die Schulter. Sie sieht ihn an, zeigt mit ihren Fingerspitzen auf sich und deutet ein Staubsaugen und Fensterputzen an. Dann lächelt sie wieder. Und Alfred kann nicht anders: Er lächelt zurück. Eigentlich ist das mit der Haushaltshilfe doch keine so schlechte Idee und vielleicht können sie sich gegenseitig noch auf andere Art unterstützen: Josie könnte ihm bei seinem verrosteten Englisch auf die Sprünge helfen und er könnte mit ihr im Gegenzug Deutsch üben. „Ja, yes; danke! Come in", sagt Alfred und macht eine schwungvolle einladende Bewegung.

Er, Josie und Adrian müssen plötzlich lachen, weil die ganze Spannung abfällt. Es ist ein herzliches und verbindendes Lachen.

So hat er, ziemlich plötzlich, eine Putzhilfe. Und zwar, wie sich herausstellt, die angenehmste und hilfreichste Haushaltshilfe, die man sich vorstellen kann. Und es riecht auch nicht mehr unangenehm in seiner Wohnung.

## Kapitel 9

# Alfred und seine Freunde machen Gehirntraining

Wie jeden Mittwochnachmittag ist Alfred mit seiner Herren-Runde verabredet: Ein Stammtisch in der Weser-Klause aus sechs Senioren, es kommt, wer gerade Zeit und Lust hat. Oft gesellt sich auch Klaus, der Wirt, zu den alten Freunden. Heute sind nur drei zu bewirten: Günther, Horsti und natürlich Alfred. Horst, der ehemalige Busfahrer, hatte den Bus ins Städtchen genommen. Mit seinen neunundsiebzig Jahren ist er das „Küken“ der Clique und die anderen ziehen ihn damit ununterbrochen auf.

„Sei gegrüßt, Horsti“, ruft Alfred seinem Kumpel, der schon am Stammtisch sitzt, durch die sonst leere Kneipe zu. „Wartest du schon lange?“

„Ach, i wo! Eines, mein Freund, habe ich reichlich, und das ist Zeit.“

„Sag das nicht“, brummelt Alfred, als er sich setzt, „die Zeit, die vergeht rasant. Fliegt einfach so davon.“

Alfred grüßt Klaus, den Wirt, mit einem Nicken. Günther fehlt noch. Er hat einen Elektrorollstuhl, mit dem er durch das Städtchen fegen kann, und dies tut er auch. Trotzdem kommt er heute als Letzter.

Endlich öffnet sich die Tür und Günther steuert sein Gefährt zum Tisch der Freunde. Nach der Begrüßung bestellen sie drei Bierchen. Der Aperitif vor dem Abendessen, wie sie es nennen.

„Das mit dem Biertrinken sollte ich eigentlich lassen“, bemerkt Alfred, nachdem er am frisch gezapften Pils genippt hat.

„Wieso?“, rufen seine Kumpels erstaunt, vielleicht sogar ein wenig erschrocken.

„Wenn ich Bier trinke, jagt es mich nachts ein paarmal hoch. Außerdem will ich mir nicht das letzte bisschen Hirn wegsaufen. Gestern hab ich einen Kaffee getrunken, und während ich den Kaffee getrunken habe, habe ich vergessen, wo die Tasse abgeblieben ist.“

Günther lacht sein bassiges Lachen. „Das kenne ich“, poltert er los. „Heute Morgen hat das Telefon geklingelt. Ich renne, so schnell ich kann ...“

„Na, klar, als ob wir noch rennen könnten“, unterbricht ihn Alfred schmunzelnd.

„Na, ich meine nur ... ich hab mich halt beeilt, und da hab ich meinen Becher mitgenommen und im Wohnzimmer so gedankenlos abgestellt. Nachdem ich den lästigen Werbeanrufer abgewürgt und ausreichend beschimpft habe, gehe ich zurück an den Küchentisch, und?“, fragte er in die Runde.

„Ja, was und?“, verunsichert schaut ihn Horst an.

„Na, der Becher ist weg. Wie vom Erdboden verschluckt!“

Alfred nickt: „Eben, genau so erging es mir gestern mit meiner Tasse. Da kommt der Briefträger und klingelt bei mir an der Wohnungstür. Ihr kennt das ja. Heute bestellt alle Welt alles Mögliche. Aber wer muss all die Päckchen annehmen? Für etwas müssen wir Rentner ja noch gut sein. Ich nehme das Päckchen also für meine Nachbarin an, unterschreibe und gehe wieder zurück zu meiner Zeitung in der Küche. Nach einiger Zeit merke ich, dass etwas fehlt."

Günther beugt sich im Rollstuhl vor. „Ja, was? Hat der Briefträger etwa ...?" Alfred hebt die Arme zum Himmel. „Ja, wer weiß."

**Interaktion 1: Was vermissen Alfred und Günther, als sie in die Küche zurückkommen? Was kann passiert sein?**

Günther lehnt sich zurück und verschränkt seine Arme vor der Brust. „Nicht gut", meint er, „gar nicht gut. Erst am Abend, während der Tagesschau hab ich meinen Kaffeebecher wiederentdeckt. Er stand auf meinem Fernsehschrank."

Als die beiden Freunde Alfred auffordernd anschauen, sagt er: „Oh, mein Kaffeebecher hat sich bis heute aufgelöst. Ich denke, der Briefträger hat ihn mitgenommen."

Die drei lachen vergnüglich und prosten einander zu.

„Wir sind halt alt, da passiert so was“, sagt Günther und wischt mit der Hand durch die Luft, als würde er jede Hoffnung fortfegen.

„Mein Söhnchen meint, dass wir Alten unsere Hirne zu wenig trainieren“, erklärt Alfred. „Dass wir davon ausgehen, dass alles so bleibt, wie es ist, im Kopf. Aber das ist wohl nicht so ... Es ist wie mit den Muskeln. Tust du nichts, bauen sie ab. In der Schule, im Beruf, immer ist der Kopp gefordert. Und dann – Rente, aus, zack, das war’s mit dem Lernen und gründlichen Nachdenken. Da baut man ab!“ Alfred schaut in die verständnislosen Gesichter seiner Freunde und schiebt schnell „Meint Adrian!“ hinterher.

Günther richtet sich auf und reckt trotzig das Kinn nach vorn: „Ach ja, der Herr Studienrat!“

„Ich glaube, er hat nicht ganz unrecht“, brummelt Horst leise. „Seit ich nicht mehr Bus fahre, fordert mich keiner mehr so richtig. Ich könnte den ganzen Tag vor der Glotze sitzen.“

„Aber Fernsehen ist doch gut. Da erfährt man so viel!“, kontert Günther empört.

„Ach“, wirft Alfred ein, „und was haste gestern gesehen?“

„Tagesschau und so. Das ist Pflicht!“

„Sagt wer?“, bohrt Alfred nach. „Was war denn die erste Nachricht?“

„Weiß ich doch nicht mehr“, erzürnt sich Günther, „das Wetter soll besser werden.“

„Beim Fernsehschauen tun wir gar nichts. Wir saugen wie ausgetrocknete Schwämme Bilder, Töne und Informationen auf, ohne wirklich auf die Bilderflut einzugehen. Richtig denken braucht man dabei nicht, und das Hirn verkümmert.“

**Interaktion 2: Was tun Sie, um den Körper zu trainieren? Gehen Sie regelmäßig spazieren oder machen Sie Gymnastik? Machen Sie auch etwas für das Gehirn, damit das Denken und das Gedächtnis weiter gut funktionieren?**

„Und hat der Herr Studienrat auch einen Tipp, was wir tun können?“, platzt Günther heraus.

„Lieber lesen als Glotze gucken, Rätsel und Sudokus lösen, Brettspiele und Schach spielen, viel an die frische Luft gehen und dabei die Sinne schärfen.“

„Aber ich kann kein Sudoku, neumodischer Kram“, meint Horst nach einer Weile des Schweigens.

„Sudoku könnten wir zusammen machen. Macht echt Spaß!“

„Nee“, winkt Günther ab, „das ist mir zu langweilig!“

Und Horst meint: „Das ist viel zu blöde.“

„Horst“, Alfred schaut seinen Freund sehr ernst an, „zu blöde ist nur, sein Gehirn nicht zu nutzen und in drei Jahren nicht mehr ohne Hilfe das eigene Klo zu finden.“

Betroffen sehen Günther und Horst Alfred an. „Okay, hast ja recht“, beschwichtigt Horst.

„Wie wäre es, wenn ich nächsten Mittwoch zum Aperitif ein Sudoku mitbringe?“, schlägt Alfred vor.

„Das ist gut“, sagt Günther, „und ich bringe sicherheitshalber mein Reise-Schachbrett mit, falls das doch nichts für mich ist!“

„Gut, dann verwandeln wir unser Mittwochsbierchen in ein Gehirntrainingstreffen! Das klingt doch super! Und Bier trinken wir natürlich trotzdem.“ Die drei stoßen noch mal an und leeren ihre Gläser.

**Interaktion 3: Kennen Sie Sudoku? Wollen wir mal eines probieren? Es gibt zwei zur Auswahl, ein „4er“ für den Einstieg und ein „6er“, wenn Sie schon fortgeschritten sind. Zusammen macht das wirklich Spaß! Sie finden ein 4er und ein 6er Sudoku im Anhang auf Seite 120.**

## Kapitel 10

# Alfred und der wundervolle Pappkarton

Da steht er. Unten im Kleiderschrank. Alfred ignoriert ihn gewöhnlich und das scheint dem Objekt nichts auszumachen. Wenn er morgens seine frische Wäsche aus dem Schrank nimmt, streift Alfred ihn mit einem kurzen Blick. Abends legt er die getragene Hose zusammen und in den Schrank – und wie zum Gruß wieder ein kurzer Blick auf den ständigen Bewohner des Kleiderschranks. Ein Pappkarton. Etwa so groß wie ein Schuhkarton – eigentlich ist es auch ein alter Schuhkarton.

Alfred nimmt ihn nur beim Schranksäubern in die Hand, wundert sich über sein doch ordentliches Gewicht und stellt ihn wieder an den angestammten Platz. Und eigentlich macht er seinen Schrank sehr selten, vielleicht zu selten, sauber. Heute ist etwas anders. Irgendwie hat Alfred das Gefühl, dass ihn der Karton auffordernd ansieht. Das letzte Schranksäubern ist aber auch schon lange her ...

Was ist da eigentlich drin? Alfred schaut die Schachtel an und denkt nach. Die Schachtel scheint ihn genauso aufmerksam anzuglotzen. „Okay, wenn du es so willst", sagt Alfred zu der Schachtel, „dann ist heute der große Tag! Aber ich warne dich! Wenn sich dein Inhalt als überflüssiger Klimbim entpuppt, dann fliegst du sofort in den Müll!"

**Interaktion 1: Haben Sie auch Schachteln oder Schubladen, die Sie lange nicht geöffnet haben, sodass Sie**

**gar nicht mehr wissen, was darin ist? Oder bei denen Sie es zu genau wissen und sie deshalb nicht öffnen?**

Alfred setzt sich aufs Bett und öffnet die Schachtel: Er ist erstaunt und schüttelt den Kopf. Was für kleine Wunder ... Warum hat er nicht schon viel früher in den Karton geschaut? So einen Behälter bewahrt man doch nicht so ewig auf, wenn nicht etwas Wichtiges darin ist!

Es sind Fotos. Unsortierte Fotos aus Alfreds Leben.

Ein Schwarz-Weiß-Bild, Alfred in kurzen Hosen und mit einer großen Schultüte! Hier ein Bild aus Paris, da muss Adrian noch ganz klein gewesen sein – oder war er vielleicht noch gar nicht geboren? Elly hatte sich die Reise so gewünscht: „Paris ist doch die Stadt der Liebe, Alfred, da müssen wir mal hin, das möchte ich mir so gerne ansehen!“ Sie sparten zwei Jahre und fuhren dann eine Woche nach Paris. Es war wunderschön. Damals war reisen, besonders ins Ausland, noch etwas ganz Besonderes. Dennoch machten sie jedes Jahr vierzehn Tage Urlaub an der Nordsee mit den Kindern – eine Flut von Bildern! Adrian, Richard, Christine in verschiedenen Größen, mit Sandschäufelchen, mit Schwimmreifen und immer wieder mit großen Eistüten! Was für eine schöne Zeit ...

Alfred kommt es vor, als wären diese vierzehn Tage damals so lange gewesen wie heute ein ganzer Monat. Zwei Wochen heute, das rast so schnell vorbei, vielleicht würde er gar nicht mehr wegfahren, weil die Zeit so kurz wäre ... aber damals, da waren vierzehn Tage so herrlich lang mit den Kindern.

**Interaktion 2: Erleben Sie es auch, dass die Zeit schneller rennt, je älter Sie werden? Haben Sie auch das Gefühl, als Kind viel längere Tage und Wochen erlebt zu haben als jetzt?**

Alfred sitzt lange auf dem Bett und nimmt Bild um Bild aus der Pappschachtel. Wie schön, mit Fotografien die Zeit so festhalten zu können. Elly im Brautkleid. Elly mit dickem Bauch, das muss die Schwangerschaft mit Adrian gewesen sein – oh nein, auf dem nächsten Bild hat sie das gleiche Kleid an, die gleiche Frisur und den kleinen Adrian an der Hand –, dann war das wohl Richard in der Babykugel! Alfred lacht in sich hinein.

Damals ... da hat man immer an die Zukunft gedacht: Wenn wir erst mal verheiratet sind ... wenn das Baby erst mal da ist ... wenn ich Konditormeister bin ... wenn die Kinder aus dem Haus sind ... die ganze Zeit machte man die Lebensplanung an Ereignissen fest, die erst noch kommen würden. Als lebte man nur in der Zukunft und achtete die Gegenwart gar nicht. Und jetzt?

„Jetzt sitzt du hier auf dem Bett mit einer alten Pappschachtel und flennst fast, weil dir klar wird, wie wunderschön die Vergangenheit war!“, sagt Alfred leise zu sich selbst. Ihm fällt auf, dass er auch ohne Fotos sehr oft an die Vergangenheit denkt. Besonders an die Zeit mit Elly. Manchmal spricht er auch mit ihr, wenn es etwas Wichtiges zu entscheiden gibt.

**Interaktion 3: Kennen Sie das auch von sich oder anderen? In der Jugend und als junger Erwachsener lebt man in der Zukunft, denkt immer: „Was wird sein, wenn ...“. Als älterer Mensch rückt die Vergangenheit immer mehr in den Fokus: „Damals, als ich ...“. Wann leben wir in der Gegenwart?**

Alfred verlebt eine schöne Stunde in Erinnerungen und nimmt sich vor, die Pappschachtel mehr zu ehren, nachdem er ihren Inhalt wiederentdeckt hat. Er stellt sie im Wohnzimmer mitten auf den Tisch. Jeden Tag, so nimmt er sich vor, wird er ein paar Fotos herausziehen und sich erinnern. Nur ein paar, denn Alfred möchte nicht ganz in der Vergangenheit versinken. Ein paar Minuten am Tag sich erinnern und dann geht's weiter in der Gegenwart!

## Kapitel 11

# Alfred und die große Wäsche

Es ist wieder mal Mittwochnachmittag und Alfred trifft sich mit seinen Freunden in der Weser-Klause zum Aperitif – das heißt ein, zwei Bierchen vor dem Abendessen. Es ist Juli, das Wetter ist schön und so setzen sie sich in den Hinterhof der Gaststätte, den sogenannten „Biergarten“. Günther hat ein bisschen Schwierigkeiten, seinen Elektrorollstuhl durch die Gänge der Klause zu bugsieren, schafft es aber dank seiner vielen Übung trotzdem gut.

Als er in den Hof einfährt, fällt Alfred sofort etwas an dem langjährigen Freund auf: „Hallo Günther, schön, dich zu sehen – sag mal, hast du das Hemd nicht richtig gefüttert? Das ist so klein geworden!“ Das ansonsten locker sitzende blaugestreifte Hemd spannt über Günthers Bauch. So wie es aussieht, hat ein Knopf den Kampf schon verloren und fehlt. Auch an den Armen sitzt es sehr knapp, fast scheint es ihn einzuschnüren.

**Interaktion 1: Was kann mit Günthers Lieblingshemd geschehen sein? Kennen Sie so etwas auch? Was kann man dann tun?**

Günther seufzt: „Ich weiß, ich weiß. Heute ist doch das erste Mal Biergarten. Und ich wollte unbedingt mein schönes Lieblingshemd anziehen, endlich ist es ja warm genug. Weil es die ganze Zeit im Karton mit den Sommersachen lag, wollte ich es gründlich auswaschen, damit alle Motteneier und was sich da sonst noch angesammelt hat, abgetötet werden. Und das hat es nicht gut überstanden. Ich hoffe, es dehnt sich noch durch das Tragen, was meint ihr?“ Die Freunde schweigen und starren auf das Hemd. Und auf die Knöpfe, die jeden Moment abzuplatzen drohen.

Letztes Jahr im Oktober ist Günthers Frau Ilse gestorben. Sicher hatte sie immer die Wäsche übernommen. „Wie Elly“, denkt Alfred, „ich war es gewohnt, dass ich meine Sachen nur aus dem Schrank nehmen musste. Sie hat immer alles sauber und ordentlich hineingelegt.“ Heini durchbricht, etwas zu laut, die Stille: „Mensch Günther, bist du sicher, dass das Hemd geschrumpft ist? Oder hast du so zugelegt?“ Er prostet ihm zu und zwinkert.

„Nee“, antwortet Günther traurig, „das liegt am Wäschemachen. Wie habt ihr das gemacht, als ihr vor der Maschine mit den ganzen Knöpfen und Reglern standet und keiner da war, den man fragen konnte – oder wollte? Ist ja auch’n bisschen peinlich, sich mit achtzig als Waschidiot zu outen. Ilse ist nicht mehr und ich geh rum und quatsche alle an, weil ich im Haushalt nix gebacken kriege ... Na, da hab ich’s halt wenigstens versucht!“ Ein wenig trotzig nimmt er sein Bier und trinkt einen großen Schluck.

**Interaktion 2: Wie war das, als Sie die erste große Wäsche in der Waschmaschine gemacht haben? Hat Ihnen das jemand genau erklärt oder haben Sie es einfach versucht?**

„Als Elly gegangen war, da stand ich auch wie blöd vor der Maschine", erinnert sich Alfred. „Und dann hab ich ganz vorsichtig angefangen. Wollte auch keinen fragen. Also hab ich mit der Lupe diese kleinen Schildchen in der Kleidung gelesen und dann immer gleiche Farben zusammen gewaschen. Anfangs waren das manchmal nur drei Stücke, aber ich hatte Angst, dass, äh ..."

„So was wie mir jetzt passiert!", beendet Günther den Satz. Horst schüttelt den Kopf: „Nee, Freddie, das wäre mir zu aufwändig, da muss ich ja jeden Tag waschen. Ich stopfe zweimal die Woche alles rein, was so anfällt. Gut, die weißen Unterhemden sind jetzt grau und einmal hat eine Hose für einen Blaustich gesorgt, aber wen kümmert's? Wer sieht denn meine Unterwäsche außer ich? Und nie mehr als vierzig Grad, da ist noch nie was bei passiert." Er schüttelt den Kopf und winkt Klaus, dem Wirt, zu, der gerade nach ihnen sehen will: „Noch einmal eine Runde, bitte!"

Das Bierchen bringt die Freunde auf andere Ideen und nach einer Stunde verabschieden sie sich.

**Interaktion 3: Waschen Sie heute noch selbst? Oder haben Sie eine Hilfe? Legen Sie nach der Wäsche Wert auf Bügeln oder legen Sie alles, so glatt es geht, zusammen?**

Am nächsten Mittwoch hat Alfred eine kleine Überraschung dabei. Wieder hat Klaus die Tische auf dem Hinterhof hergerichtet. Als Günther mit seinem Rolli auf den Hof fährt, legt ihm Alfred mit einem Grinsen ein etwa DIN-A4-großes Päckchen auf den Tisch. Es ist in buntes Papier eingewickelt. „Das ist ’ne Anzahlung für deinen Geburtstag! Hoffe, es gefällt dir!“ Auch Heini, Horst und Winnie gucken ganz neugierig.

Günther packt das Päckchen aus und staunt nicht schlecht: Ein kurzärmeliges Hemd mit blauen Streifen, ganz ähnlich wie das eingelaufene! „Oh, das ist ja toll, danke! Alfred, das freut mich aber! Ich spendier die nächste Runde!“

Nur knapp können ihn die Freunde davon abhalten, sein Oberteil auszuziehen und das neue Hemd gleich anzulegen. „Nee, nee, du, Elly hat immer gesagt: Was Neues muss erst gewaschen werden! Neue Chance, Günther! Neue Chance!“ Die Freunde lachen und stoßen mit der nächsten Runde auf das neue Hemd an.

## Kapitel 12

# Alfred kocht Kartoffeln

Alfred ist ein bisschen stolz darauf, dass er noch immer für sich selbst sorgen kann. Gut, für die Reinigung der Wohnung hat er sich zu einer Hilfe überreden lassen. Einmal die Woche kommt Josie und putzt gründlicher, als er sich das je vorstellen konnte, und alle zwei Monate putzt sie die Fenster. Aber das Kochen macht er selbst. Früher hat immer Elly gekocht, aber mittlerweile bekommt er es selbst ganz gut hin. Er bereitet meistens immer gleich etwas für zwei oder drei Tage zu und wärmt es dann auf.

**Interaktion 1: Kochen Sie selbst oder nutzen Sie eine andere Möglichkeit? Und wie war es früher? Wer hat in Ihrer Familie gekocht?**

Ein Problemfall für Alfred sind allerdings Kartoffeln, die wollen ihm einfach nicht so gelingen wie damals Elly. Entweder sind sie außen glitschig-weich und innen noch ganz hart oder sie zerfallen völlig, wenn er sie länger kocht. „So ist das nun mal“, hat er erst letzte Woche zu Günther gesagt, „man kann halt nicht alles haben wie damals.“

„Dann bestell dir doch Essen beim Seniorenservice! Das schmeckt mir immer ganz gut, ich kann jeden Tag zwischen zwei Gerichten wählen und habe keine Arbeit damit!“

Alfred nickt und sagt: „Irgendwann bestimmt, aber im Moment macht es mir noch Spaß zu kochen und ich komme gut klar – bis auf die Kartoffeln.“

**Interaktion 2: Was sind Ihre Lieblingsgerichte heute – und früher? Gibt es ein Essen, das Ihnen immer besonders gut gelungen ist, und eines, das nie so richtig lecker wurde?**

Heute ist es wieder so weit, ein neuer Versuch mit Kartoffeln. Alfred hat sich den leckeren Quark mit Kräutern vom Wochenmarkt mitgebracht, darin ist ein bisschen Paprika und Schafskäse, den isst er sehr gern – dazu müssen einfach Erdäpfel her! Josie, seine Haushaltshilfe aus Nigeria, ist gerade da und wischt die Arbeitsfläche in der Küche ab, als Alfred dazukommt. Sich mit Josie zu unterhalten, ist immer noch schwer, sein Englisch ist immer noch holprig und sie lernt Deutsch, aber das geht auch nicht von heute auf morgen. Aber das gegenseitige Anlächeln, wenn sie sich wie jetzt in der kleinen Küche begegnen, kommt immer bei beiden von Herzen.

Der Senior stellt seinen Wasserkocher an, nimmt vier schöne Kartoffeln und legt sie in einen Topf. Als das Wasser fertig ist, nimmt er den Kessel und will gerade das kochende Wasser über die Kartoffeln gießen. Da erklingt ein schrilles „Nein!“ und erschreckt ihn fast zu Tode. Seine Hand mit dem Kocher friert in der Luft ein und er schaut zu Josie, die mit dem Finger auf den Wasserkocher deutet: „Nein! Nein boiling Wasser on Kartoffels!“

Alfred versteht nur was mit Wasser und Kartoffeln. Kartoffeln nicht in Wasser kochen? Was dann? Er schaut

Josie ratlos an. Sie nimmt den Topf mit den Kartoffeln, hält ihn unter die Wasserleitung und füllt kaltes Wasser und etwas Salz ein. Dann stellt sie den Topf zurück auf den Herd. Sie pflückt dem immer noch erstarrten Alfred den Wasserkocher aus der Hand und macht mit dem Zeigefinger ein deutlich zu verstehendes Zeichen: „Nein." Alfred ist sehr erstaunt, kann sich aber nicht dazu äußern.

**Interaktion 3: Gibt es Gerichte oder Zutaten, die Sie anders zubereiten als andere? Haben Sie ein „Geheimrezept" für etwas, das Sie uns jetzt verraten würden?**

Nach etwa einer halben Stunde pikt Alfred eine Kartoffel mit dem Messer an. Immerhin haben sie sich nicht aufgelöst und im Topf verteilt, wie er es auch schon erlebt hat. Er gießt sie ab, pellt sie und beginnt zu essen. Überrascht hält er inne ... die Kartoffeln sind ganz gleichmäßig durch! Nicht außen zu weich und innen zu fest! Fast so gut wie bei Elly!

Josie, die sich gerade zum Gehen bereit macht, schaut in die Küche. Alfred macht „Hmm, very good; sehr gut!" und reibt sich über den Bauch. Josie reckt den Daumen in die Höhe und schenkt ihm ihr schönstes Lächeln.

# Kapitel 13
# Alfred packt Koffer

Alfred sitzt müde an seinem Küchentisch. Völlig erschlagen von all den Gedanken, die ihn durch die viel zu kurze Nacht begleitet haben.

Nicht mal der Kaffee will ihm so recht schmecken am heutigen Morgen. Die ganze Nacht schon – ach, was heißt die Nacht? –, die ganzen letzten Wochen wälzt Alfred ein Problem gedanklich hin und her.

Natürlich ist es nett von seinem Sohn Adrian und dessen Frau Monika, ihn nach Neuharlingersiel an die Nordsee mitzunehmen.

„Um die alte Gegend wiederzusehen“, hat Adrian gesagt, „wo wir früher immer die Ferien verbracht haben! Das wird sicher sehr schön! Eine ganze Woche in einem kleinen Hotel. Das möchten wir dir gern zum Geburtstag schenken!“ Adrian möchte gern mit dem Auto fahren, mit zwei, drei Stunden muss man da rechnen. Früher sind sie immer mit der Eisenbahn in den Urlaub gefahren, ein Auto konnten sie sich lange nicht leisten.

**Interaktion 1: Was waren Ihre längsten Autoreisen? Wie sind Sie früher in die Ferien gefahren? Und wo haben Sie die kostbaren Urlaubstage verbracht?**

Ewig ist es her. Unendlich lange, dass er nicht mehr dort gewesen ist. Wenn Alfred an die Nordsee denkt, fühlt es sich heimelig an. Die schönen Tage mit Elly und den Kindern. Das herrliche Meer mit seinen ruhig dahinrollenden Wellen – oder, an stürmischen Tagen, auch mal wild und aufgewühlt. Der Sand, in dem die Kinder selig gebuddelt haben. Seufzend und gedankenverloren rührt er in seinem Kaffee. „Lange ist es her", murmelt er, „sehr lange."

Aber das hieß ja nichts. Meer und Strand waren sicher noch da! Was Alfred so zu schaffen machte, war ein anderes Problem.

Das Kofferpacken! Immer hatte Elly das gemacht. Immer war alles plötzlich, so wie er es brauchte, am Urlaubsort aufgetaucht. Und jetzt sollte er das selbst machen? Was musste er wohl für die Reise einpacken?

**Interaktion 2: Was raten Sie Alfred, für eine Woche an der Nordsee einzupacken? Was mussten Sie früher unbedingt immer, außer Kleidung, mitnehmen?**

Seit drei Wochen versucht er es schon. Zuerst hat er all die Kleidungsstücke, die er mitnehmen wollte, auf der Kommode im Schlafzimmer ausgebreitet.

Drei Pullover, falls es doch im August zu kühl werden sollte. Hemden und Unterhemden, Unterhosen und Socken. Eine oder besser doch zwei Krawatten sollte er mitnehmen. Man wusste ja nie. Ach ja, und Hosen! Mindesten drei mussten es schon sein, man musste ja was zum Wechseln haben! Natürlich ein paar kurze dazu, August, konnte ja warm werden. Ein Handtuch mindestens. Den Bademantel und ein Badetuch für den Strand. Seine Badelatschen. Und ein weiteres Jackett wollte er unbedingt mitnehmen, er plante, Monika und Adrian zum Essen einzuladen. Als er alles zusammengetragen hatte, war der Kleiderschrank beinahe leer. Und wenn er seinen alten Koffer ansah, wusste er, dass er nicht mal ein Fünftel davon mitnehmen konnte.

Als Adrian den aufgetürmten Kleiderhaufen sah, fing er an zu lachen. „Papa, wir fahren eine Woche! Im August! Auch an der Nordsee musst du nicht mit einem plötzlichen Wintereinbruch rechnen! Was sollen denn die dicken Pullover? Und willst du mit dem Jackett und den Krawatten auf die Vorstandssitzung einer Bank gehen?“ Alfred lachte mit, aber etwas gequält.

**Interaktion 3: Wir helfen jetzt Alfred, Koffer zu packen: Der Erste packt einen Gegenstand ein, der Zweite wiederholt den Gegenstand des Ersten und packt einen weiteren dazu. Der Dritte wiederholt die bereits im Koffer liegenden Gegenstände und packt einen weiteren dazu usw.**
**Wenn die Gruppe sehr groß ist oder mit dem Wiederholen aller Gegenstände Schwierigkeiten hat, können auch nur die letzten drei wiederholt werden.**

Adrian half seinem Vater, genau zu schauen und zu planen, was er brauchen könnte. Als die Reise losging, war Alfred so aufgeregt wie früher Adrian. Und es wurden sehr, sehr schöne Tage an der Nordsee. Es war wie ein Wunder: Nichts fehlte ihm und er kam mit den wenigen Kleidungstücken gut aus!

# Kapitel 14

# Alfred und die Dinge, die immer ihren Ort wechseln

Alfred vergisst so einiges im Laufe des Tages. Das kennt er. Das ist er gewohnt.

Aber was seit Kurzem passiert, ist ein wenig heikel. Irgendwie scheinen die Dinge, die er besitzt, ihre angestammten Orte zu wechseln, sogar zu verschwinden und dann urplötzlich ganz woanders wieder aufzutauchen!

Neulich vermisste er seine Schöpfkelle, als er Suppe essen wollte. Tage später, als er die Gießkanne suchte, tauchte die Kelle auf der Fensterbank wieder auf! Die Gießkanne aber, die blieb gemeinerweise verschwunden – bis er auf den Spiegelschrank im Badezimmer blickte.

**Interaktion 1: Kennen Sie das auch? Dass Gegenstände sich verirren und an seltsamen Orten wieder auftauchen? Können Sie dann nachvollziehen, wie sie dahin gekommen sind?**

Heute aber ist wirklich der Wurm drin. Gerade hat sich Alfred für das Mittagessen einen herrlichen Reste-Auflauf vorbereitet, mit Kartoffeln, Gemüse, noch Würstchen hineingeschnitten, alles kräftig mit Käse bedeckt. Dann ist seine geliebte zweite Tasse Kaffee fertig. Alfred dreht sich zur Maschine um, schenkt sich ein und gibt Milch dazu. Er nimmt einen Teelöffel aus der Schublade und rührt damit den Kaffee um.

Als er den Löffel gerade in den Mund schiebt, um ihn abzulecken, fällt ihm siedend heiß ein, dass er gestern

Abend höchstwahrscheinlich vergessen hat, die Waschmaschine auszuschalten, also diesen Drehschalter, der immer auf null stehen soll, wieder auf die Null zu stellen. Alfred erinnert sich, dass er die Klappe der Maschine geöffnet hat. Er erinnert sich aber nicht mehr daran, den Pfeil des Knopfes auf die Einstellung „Null" gesetzt zu haben. Mit dem Teelöffel immer noch im Mund und die Melodie von „Rosamunde" vor sich hin summend, geht Alfred ins Badezimmer. Er nimmt den Teelöffel aus dem Mund in die linke Hand. Nach vorn gebeugt, dreht er den Knopf so, dass die Waschmaschine aus ist. Alfred atmet tief aus.

Im Vorbeigehen wirft er einen kurzen Blick in den Badezimmerspiegel. Ihm fällt ein, dass er die Zähne nach dem Frühstück noch gar nicht geputzt hat. „Freddie, Freddie", murmelt er vor sich hin. Und wie sieht seine Frisur aus!

Um mit den Händen frei hantieren zu können, legt er den Teelöffel auf den Trockner. Alfred nimmt den Kamm von der Ablage über dem Waschbecken und kämmt sich mit einem Lächeln auf den Lippen. Günther hatte schon eine Halbglatze, so eine „Mönchstonsur", wie Alfred ihn immer gern neckt. Aber sein eigenes Spiegelbild ist einwandfrei, immer noch volles, weißes Haar.

Alfred ist sehr froh, dass er seine Körperpflege noch so gut selbst schafft! Aber er hat Hunger! War da nicht was? Ach ja, der Auflauf! Schnell stopft er den Kamm in die Brusttasche seines Hemdes.

**Interaktion 2: Wissen Sie noch, wo Alfred seinen Teelöffel hingelegt hat? Und wo hat er den vermissten Schöpflöffel wiedergefunden? Und die Gießkanne?**

Summend, mit bester Laune geht Alfred in die Küche – und erstarrt. Er reibt sich die Augen. Ganz kurz dreht er sich sogar um und versichert sich, dass er im richtigen Raum ist ... der Auflauf ist weg. Eine leere Arbeitsplatte steht vor ihm, ein paar Krümel Käse und das Schnittbrett zeugen noch davon, dass er sich das geplante Mittagessen nicht nur eingebildet hat. Jetzt beginnt Alfred zu schwitzen. Wo kann denn der Auflauf sein? Er sucht zunächst im Badezimmer, weil er da aus der Küche hingegangen ist ... er wird doch nicht etwa ... nein, Gott sei Dank ist der Auflauf nicht in der Waschmaschine gelandet! Aber was sucht der Teelöffel auf dem Trockner? Egal, der kommt jetzt mit in die Küche. Wo kein Auflauf ist. Von Minute zu Minute wird Alfred verzweifelter. So eine Mahlzeit kann doch nicht einfach verschwinden? Und dass Diebe eingebrochen sind und sich gezielt den Reste-Auflauf gemopst haben? Nein, er schüttelt den Kopf, das kann nicht sein!

**Interaktion 3: Was kann mit dem Auflauf passiert sein? Lassen Sie Ihrer Fantasie freien Lauf! Wo würden Sie Alfred raten, nachzusehen?**

Mittlerweile ist es schon Viertel nach zwölf und Alfred hat richtigen Hunger. Er hat jetzt im Kühlschrank, im Wohnzimmerschrank, im Badezimmer, auf dem Flur, auf und in der Anrichte nachgesehen. Jeden Moment, denkt er, muss er doch den Auflauf finden! Also ist es vielleicht hilfreich, schon mal den Ofen anzuschalten, damit der Auflauf, wenn er sich zeigt, gleich ins Warme kann. Bestimmt lockt ihn das an. Alfred dreht den Knopf am Herd auf hundertachtzig Grad, da geht das Licht in der Backröhre an – und beleuchtet eine Form mit einem köstlichen Reste-Auflauf.

# Kapitel 15
# Alfred und die moderne Technik

Alfred seufzt. Nicht so ganz laut, er möchte Adrian nicht beleidigen, aber er seufzt. Gleich noch mal. Dann schaut er von dem kleinen Gegenstand mit der glänzenden Oberfläche in das erwartungsvolle Gesicht seines Sohnes. „Das schenken Christine, Richard und ich dir zum Geburtstag! Alles, alles Gute und Liebe, Papa!“ Alfred nimmt die Glückwünsche entgegen, bedankt sich artig, umarmt seinen Sohn, seine Schwiegertochter und Jason und Freya, seine beiden Enkel, die in den Zwanzigern sind.

„Das ist das beste Seniorenhandy, das es auf dem Markt gibt!“, erklärt Jason so stolz, als hätte er es erfunden: „Es ist 4G-fähig, androidbasiert und hat eine besonders einfach strukturierte Benutzeroberfläche. Mit Bluetooth kannst du es mit deinem ... äh ... Papas Laptop ganz einfach koppeln. Die Kamera ist ganz toll ...“

Das Technikgerede fließt an Alfred vorbei, ein Strom aus Worten, die er kaum versteht und ganz sicher nicht mit dem kleinen Gerät, das er in der Hand hält, in Verbindung bringen kann.

**Interaktion 1: Haben Sie auch Freunde oder Kinder, Enkel, die immer das Neuste an Technik haben müssen? Und dann begeistert davon erzählen?**

Adrian legt liebevoll die Hand auf Jasons Schulter, um ihn zu stoppen. „Wichtig war uns, dass du einen Notrufknopf hast. Dreh es einmal um!“ Alfred dreht das Handy um, und tatsächlich, da ist ein kleiner roter

Punkt auf der Rückseite, ein bisschen eingelassen, so dass man ihn nicht aus Versehen drücken kann. „Jason hat das so eingestellt, dass wir sofort angerufen werden, wenn der Knopf gedrückt wird. Völlig automatisch. Und wenn wir nicht da sind, dann schaltet sich der Anruf weiter zum Rettungsdienst. Außerdem können wir alle dir jetzt direkt Fotos schicken!"

„Und wir machen eine Familien-WhatsApp-Gruppe auf!" Jasons Begeisterung ist nicht kleinzukriegen.

„Wartsab-Gruppe?" Alfred versteht nicht. Er begreift aber, dass dieses kleine Ding sein Leben verändern wird. Mit einem Telefon wie früher, mit Schnur und Wählscheibe, hat das nichts mehr zu tun. Und trotzdem kann er damit offenbar mit seinen Lieben sprechen, wenn er es möchte. Und Fotos sehen? Das muss er sich mal erklären lassen.

Der Geburtstagsnachmittag mit Kaffee und Kuchen vergeht schnell. Alfred bekommt von Jason eine Einweisung in das Gerät und ist sehr erstaunt, was das Ding alles kann. Er freut sich auch über Jasons Geduld, denn alles kann der Senior, der heute dreiundachtzig Jahre geworden ist, nicht verstehen. Probeweise lässt sich Alfred von Adrian anrufen und findet das sehr lustig, wo der ihm doch genau gegenübersitzt.

**Interaktion 2: Welche Geräte haben Sie von Ihren Kindern oder Enkeln bekommen, an die Sie sich erst mal gewöhnen mussten? Haben Sie sich dran gewöhnt?**

Dann verabschieden sich Adrian und seine Familie und Alfred ist allein. Er räumt das Geschirr in die Spülmaschine und bringt das Wohnzimmer wieder in Ordnung. Nachher ist er noch auf einen Schluck mit den Kumpels in der Weser-Klause verabredet. Muss ja sein.

Plötzlich ertönt ein glockenheller Klang, ein „Ping", wie es ihn noch nie in seiner Wohnung gegeben hat. Alfred sucht nach der Ursache. Ach ja, das neue Gerät. Gut, dass Jason ihm gezeigt hat, was er jetzt machen muss. Oh, eine Nachricht von Richard, stimmt, in New York ist ja jetzt erst Mittag. „Herzlichen Glückwunsch zum Geburtstag, Papa!", steht da und die Namen von Richard und seiner Familie. Aber – Moment, ein Name ist zu viel! Anya, wer soll das bitte sein? Da ertönt das „Ping" wieder. Diesmal ist es ein Foto! Alfred wundert sich, dass er noch genau weiß, was er tun muss ... ist gar nicht so schwierig ... was für eine Überraschung, als er das Bild öffnet!

**Interaktion 3: Haben Sie auch ein Seniorenhandy oder ein anderes, auf dem man Fotos anschauen kann? Freuen Sie sich darüber? Was war das Schönste, das Sie damit erlebt haben?**

Ein winziges Köpfchen in den Händen von seiner Enkelin Leni und ihrem Freund! „Hallo Uropa", steht unter dem Bild, „ich bin Anya und ich habe am gleichen Tag wie du Geburtstag!" Alfred freut sich so, dass ihm die Tränen in die Augen schießen. Klar wusste er, dass seine Enkeltochter schwanger war, aber dass es genau heute, an diesem Datum so weit ist! Ist das herrlich!

Er nimmt das kleine Gerät, stopft es in die Manteltasche und geht zur Weser-Klause. Wie toll, dass er beim Anstoßen auch gleich ein Bild von seiner ersten Urenkeltochter zeigen kann!

## Kapitel 16

# Alfred und die Träume seiner Kinder

Als Ellys und Alfreds Kinder damals auf die Grundschule gingen, war alles sehr schön. Mathematik funktionierte mit 1 + 1 = 2, später mit 6 x 9 = 54. Das war alles noch möglich. In Deutsch lernte man, dass der Tisch, weil man ihn anfassen kann, großgeschrieben wird, und Dinge, die man tut, kleingeschrieben. Alfred half gern bei den Hausaufgaben. Er konnte dann mit den Kindern zusammensitzen und hatte das Gefühl, ihnen eine wirkliche Hilfe zu sein. Schnell merkte er, dass Adrian sich ganz besonders von Zahlen angezogen fühlte. Als Erstes waren immer die Hausaufgaben im Rechnen fertig. Christine dagegen mochte Geschichten, lesen und schreiben und hasste Mathematik. Richard wollte nur zeichnen und malen. Er las auch gern, aber vor allem, um dann die Geschichten mit eigenen Bildern auszuschmücken.

**Interaktion 1: Haben Sie Ihren Kindern/Patenkindern/ Nichten oder Neffen bei den Hausaufgaben geholfen? Konnten Sie dabei feststellen, wer etwas besonders gut konnte?**

Aber dann, nach der Grundschule, war alles plötzlich anders gewesen. Wenn er den Sohn nach der Schule fragte, bekam er die Antwort: „Ach, Papa, das verstehst du nicht.“ Und als er eines Tages dem kleinen Adrian über die Schulter sah und auf dessen Mathematikarbeit lugte, wurde ihm beinahe schwindelig. Da gab es plötzlich mehr Buchstaben als Zahlen. Und Formelzeichen gab es, die hatte Alfred noch nie gesehen. Als er auf dieses Blatt schaute, wusste er, dass Adrian auf dem Weg war, sich von ihm zu entfernen.

Wenn Alfred daran zurückdenkt, schmerzt ihm das Herz. Immer zu plötzlich waren sie zu groß geworden. Gerade noch hatte er die kleine Christine auf dem Schoß getröstet, weil sie ihr Lieblingspony nicht in den selbst gebastelten Stall setzen konnte, und schon blinzelte man einmal und sie war eine junge Dame. Zickig und unnahbar.

**Interaktion 2: Wie haben Sie die Pubertät bei Ihren Kindern/Enkeln/Patenkindern erlebt? Wie gestaltete sich der Umgang und das tägliche Leben? Wie hat sich Ihre Beziehung verändert?**

Und dann die Zeit der Berufswahl! Eigentlich wollte Adrian immer Astronaut werden. Oder Astrophysiker, was auch immer das war. Plötzlich aber entschied er sich dazu, Lehrer für Mathematik und Geschichte zu werden. Und Christine meinte, das Gymnasium zu besuchen, sei nur Zeitverschwendung und Quälerei für sie. Sie wollte Mannequin werden oder wenigstens Schauspielerin. Schließlich lernte sie stattdessen Krankenschwester. Diesen Beruf übt sie bis heute mit großer Erfüllung aus. Richard dagegen war in seinen Plänen klarer: Entweder Kunstmaler oder Grafiker. Mit Bravour bestand er die Aufnahmeprüfung an der Kunstakademie, wählte dann aber den Ausbildungsgang zum Grafiker.

**Interaktion 3: Was waren die Berufswünsche Ihrer Kinder, als Jugendliche und dann als Erwachsene? Und bei Ihnen selbst? Wie haben sich Ihre Wünsche verändert?**

Alfred erinnert sich, mit welchen Träumen er aufgewachsen ist. Zuerst wollte er gern Lastwagenfahrer werden, quer durch Europa fahren und ferne Länder kennenlernen. Dann später, so mit zwölf Jahren, wäre er gerne Zeichner für Comichefte geworden. Aber diese Träume nannte man damals Flausen. Sein Vater konnte es kaum erwarten, dass seine Söhne endlich arbeiten gingen und ihr eigenes Geld verdienten. Mutter wollte, dass er einen bodenständigen Beruf erlernte, und so wurde Alfred Konditor. Für „Flausen" gab es damals einfach keinen Platz.

Heute ist Alfred sehr stolz darauf, dass er seinen Kindern die freie Wahl gelassen hat. Er und Elly haben die Kinder begleitet und unterstützt, aber sie haben sie immer selbst entscheiden lassen.

## Kapitel 17

# Alfred und Ewalds Spleen

Ewald Hansen, genannt „Waldi“, ist einer der ältesten Freunde von Alfred. Ewald war früher Maurer und hat Hände so groß wie Teller. Das hat oft Anlass zum Lachen gegeben, weil Alfred als Konditor eher zarte Hände hatte, die die luftigsten Garnierungen aus Buttercreme und Ornamente aus Schokolade spritzen konnten.

Alfred möchte heute Ewald treffen, und das geht am besten am Bahnhof. Waldi hat nämlich einen „Spleen“, wie man so schön in Norddeutschland sagt. Einen gewaltigen, wie seine Freunde denken.

**Interaktion 1: In Süddeutschland sagt man zu „Spleen“ auch „Marotte“ oder „Batscher“. Kennen Sie weitere Bezeichnungen für eine seltsame und ein bisschen witzig anmutende Angewohnheit?**

„Tachchen, Ewald“, sagt Alfred, als er sich auf dem Bahnsteig an Gleis drei zu seinem Freund auf die Bank setzt, „wie gehts?“

„Gut, gut, aber warte mal ... gleich muss doch ...“ Und tatsächlich: Eine weibliche Stimme, ausdruckslos wie ein Roboter, kündigt die Verspätung des Regionalexpresses „RE 4412 nach Norddeich-Mole“ an.

„Das hast du gewusst, dass das jetzt kommt?“ Alfred staunt nicht schlecht.

„Klar, ich kenne die Fahrpläne hier an unserem kleinen Bahnhof alle. So viele Züge sind das ja auch wieder nicht!“

Alfred schüttelt den Kopf, doch Waldi erzählt schon weiter: „Manchmal, da gönn ich mir eine Fahrt mit dem Seniorenticket nach Bremen zum Hauptbahnhof. Das ist ein Bahnhof! Da passiert einiges! Da hab ich auch keinen Überblick mehr, ich weiß dann gerade so, wann die Züge von hier dort ankommen! Aber das ist schon ein Erlebnis, so ein großer Bahnhof!“

Alfred schweigt. Er möchte die Begeisterung seines Freundes nicht kleinreden, auch wenn er sie nicht teilt. Außerdem hat doch jeder etwas, das er verfolgt und ganz toll findet, das andere nur schwer nachvollziehen können.

**Interaktion 2: Kennen Sie Menschen mit einem „Spleen“? Oder haben Sie sogar selbst einen?**

Ewald nimmt Alfred die angebotene Thermostasse mit Kaffee dankbar aus der Hand. So sitzen sie ein Stündchen auf der Bank, trinken Kaffee und reden über dies und das, nur gelegentlich unterbrochen von Ewalds „Nein, hat der RE 4413 nach Hannover wieder zehn Minuten Verspätung! Wie soll man da in Nienburg den RE 78 nach Bielefeld bekommen?“ Er bemerkt Alfreds Blick und sagt schnell: „Kann ja sein. Das wäre doch ärgerlich!“

Alfred nickt, nimmt seinem Freund die Tasse aus der Hand und verstaut sie in seiner Tasche. Dann verabschieden sie sich und verabreden sich für die nächste Woche: „Gleiche Zeit, gleiches Gleis!“, meint Ewald lachend.

Auf dem Rückweg nach Hause macht Alfred einen kleinen Umweg. Dieses Ziel steuert er jedes Mal an, wenn er unterwegs ist, auch wenn es eben einen Umweg erfordert. So gesehen ist es sein Spleen. Seit der Zeit als Konditor liebt Alfred süßes Gebäck. Am liebsten mit Cremefüllung. Und so geht er mehrmals pro Woche in seine ehemalige Konditorei und gönnt sich ein süßes Teilchen. Jeden Tag nur eins. Bloß dienstags, wenn Adrian sich angekündigt hat, holt er natürlich zwei.

Seine persönliche Kaffeestunde nach dem Mittagsschläfchen ist ihm heilig. Und so ein süßes Kuchenstück macht für Alfred diesen Moment zum Höhepunkt des Tages.

## Kapitel 18

# Alfred kann helfen

Es gibt Tage, da fühlt sich Alfred, als würde er zum alten Eisen gehören, abgestellt und nutzlos. Heute ist so ein Tag. Der Himmel ist grau und so sieht es auch in seinem Kopf aus. Der Morgenspaziergang verlief ereignislos – schlimmer noch, ohne dass er auch nur einen seiner Freunde oder Bekannten getroffen hatte. Nicht unbedingt traurig, aber sehr nachdenklich und mit gedrückter Stimmung sitzt Alfred in der Küche und schält Kartoffeln. Seine Gedanken kehren immer wieder zurück zu früher: Als er berufstätig war, als Elly noch da war, als die Kinder kleiner waren und im Hause lebten – so viel gab es zu tun, so viele Aufgaben, dass sehr oft ein Tag nicht reichte, um alles zu erledigen.

Und heute? Die kleine Wohnung ist schnell aufgeräumt, beim Putzen hilft seine Haushaltshilfe Josie, er kocht noch selbst, immer gleich für zwei Tage, damit es sich lohnt, und ab und an hat er Termine. Aber so eine richtige Aufgabe, die fehlt ihm besonders heute sehr.

**Interaktion 1: Kennen Sie auch solche Tage, an denen Sie das Gefühl haben, Sie werden nicht mehr gebraucht? Was unternehmen Sie dann? Und wie war es früher? Kannten Sie auch da das Gefühl, dass die Stunden des Tages nicht ausreichten, um alles zu erledigen?**

Alfred denkt daran zurück, was er sich alles vorgenommen hat, wenn er denn mal in Rente ist. Reisen mit Elly, gut, das hat er im Rahmen der finanziellen Möglichkeiten gemacht. Sich viel um die Kinder und Enkel kümmern – ja, aber jetzt wo sie in anderen Städten wohnen oder sogar, wie Richard, auf anderen Kontinenten, ist das auch nicht mehr so einfach. Außerdem sind die Enkelkinder ja schon groß. Die Kinder sind jetzt selbst in der Lebensphase, in der viele Aufgaben abzuarbeiten sind. Sich um den heute trübsinnigen Papa zu kümmern, steht bestimmt nicht oben auf der Liste. Hobbys! Er wollte sich um Hobbys kümmern! Gut, er liest gern, besonders Krimis und Detektivgeschichten. Und er puzzelt gern. Und natürlich, die Spaziergänge mag er normalerweise besonders. Aber heute ... nee, heute kommt ihm das alles langweilig vor.

**Interaktion 2: Was haben Sie sich vorgenommen: „Wenn ich erst mal in Rente bin, dann ...“? Was konnten Sie davon umsetzen?**

Als die letzte Kartoffel geschält ins Kochwasser gewandert ist, beschließt Alfred, seine Freundin Hedda anzurufen. Hedda kann er sein Herz ausschütten, nicht so wie bei Waldi oder Heini, wo er einen kernigen Spruch erntet, wie: „Musste durch – kennen wir alle“, „Das Leben ist eines der härtesten Dinge“ und so weiter. Das ist auch mal gut, aber heute ist Hedda seine erste Wahl.

**Interaktion 3: Pflegen Sie Freundschaften? Wie viele Freunde haben Sie? Und gibt es da auch Freunde für besondere „Sachen“, also Sachen, die Sie nur mit diesem einen Freund machen? Warum ist das so?**

„Hedda Harms am Apparat." Hedda klingt ein wenig gehetzt, aber freundlich wie immer.

„Hallo Hedda, hier ist Alfred. Wollte ein bisschen plaudern, wie geht es dir?"

„Du, Alfred, das ist sehr nett, aber ich bin gerade sehr beschäftigt. Kann ich dir irgendwie helfen? Wenn es ums Plaudern geht, wäre mir, ehrlich gesagt, ein anderer Zeitpunkt lieber."

Alfred fühlt sich etwas vor den Kopf gestoßen. Seine Hedda hat heute keine Zeit für ihn?

„Sag mal, Hedda, was machst du denn, dass du so in Eile bist?"

„Ach Alfred, du weißt doch, dass ich für das Rote Kreuz im Team für das Ausrichten der Blutspenden bin. Wir machen das ‚Catering', wie es heute so schön heißt, Brote schmieren, Salate richten und Kuchen und Kaffee bereitstellen – und da liegt heute das Problem." Alfreds Herz beginnt, schneller zu schlagen. Probleme mit Kuchen? Er als Konditor ...

„Hedda, was hast du denn für ein Problem mit dem Kuchen?"

„Die Liane backt seit fünf Jahren Kuchen für das Blutspenden, obwohl ihr das schwerfällt und sie jedes Mal betont, das sei jetzt wirklich das letzte Mal. Und jetzt musste sie ins Krankenhaus. Und ich mache schon Kartoffelsalat und Gurkensalat. Morgen ist das Blutspenden und ich habe schon drei Frauen aus dem Team angerufen und keiner hat Zeit oder Lust, zwei Kuchen zu backen!“

Fast ein bisschen patzig antwortet Alfred: „Sag bloß! Und den einzigen Konditor, den du kennst, hast du nicht angerufen?“ Hedda schweigt betreten und Alfred tut seine heftige Reaktion gleich leid: „Liebe Hedda, Tschuldigung, hab ich nicht so gemeint ... aber heute ist so ein doofer Tag, da sehne ich mich förmlich nach so einer Gelegenheit. Was brauchst du für Kuchen?“

„Oh Alfred, das wäre ja ein Segen! Die Liane hat immer Donauwellen und Marmorkuchen gemacht, aber wenn du zwei Kuchen machen würdest, was auch immer, bis morgen um drei, das würde uns sehr helfen!“

Der Konditor in Alfred grinst breit – na, das ist doch genau der Auftrag, den er sich gewünscht hat.

**Interaktion 4: Machen Sie oder haben Sie etwas ehrenamtlich gemacht? Eine kleine Aufgabe, ein wenig Zeit für eine gute Sache abgetreten? Oder könnte das etwas für Sie sein?**

Am nächsten Tag bringt Alfred ein großes Blech Bienenstich und einen Butterkuchen zum Blutspende-Café. Die Damen sind begeistert und die Gäste lassen keinen Krümel übrig.

Voller Freude bietet Alfred an, dass er jetzt jedes Mal die Kuchen backt. Als Liane später davon hört, freut sie sich, diese Aufgabe abgeben zu können.

# Kapitel 19

# Alfred: Wenn „immer dasselbe“ endet

**Interaktion 1: Weihnachten ... Schönstes oder anstrengendstes Fest? Wie haben Sie es gefeiert, als Ihre Eltern noch lebten? Und dann später, kamen Ihre Kinder an den Feiertagen zu Ihnen? Gab es Rituale beim Feiern?**

Es ist wieder Dienstag und wie jeden Dienstagnachmittag ist Adrian zu Besuch bei seinem Vater. Es gibt Kaffee und Kuchen. Nur druckst Adrian heute irgendwie herum. Schließlich sagt er: „Diese Weihnachten haben wir eine Reise gebucht."

„Ach?", entfährt es Alfred. Und als das Wörtchen „Ach" noch nicht ganz ausgesprochen ist, etwa zwischen dem A und dem CH, ist ihm seine Reaktion bereits peinlich. Adrian selbst vermeidet es, den Vater anzusehen, als er weiterspricht:

„Wir wollen Heiligabend und die Weihnachtsfeiertage in den Alpen verbringen, nur Monika und ich – die Kinder feiern mit ihren Freunden und da dachten wir, das wäre eine gute Gelegenheit, mal was ganz anderes ..."

Da Alfred Adrians Krampf bemerkt, versucht er, das Gespräch aufzulockern: „Skifahren?"

„Ja, siehst du ...", will Adrian gerade ansetzen, doch Alfred unterbricht ihn mit einer wegwischenden Handbewegung. „Adrian, ihr müsst nicht euer Leben einschränken, nur weil es einen alten Vater gibt", erklärt er lächelnd. „Das möchte ich nicht. War schwer genug mit Ellys Mutter, deiner Großmutter. Nicht mal zum Essen konnte man mehr ausgehen, ohne dass sie hinterher eine Szene gemacht hat! Das will ich nicht. Aber sag, wo soll es hingehen?"

„Nach Südtirol ..."

„Ach, wie schön!", ruft Alfred erfreut, „Südtirol! Skifahren! Recht habt ihr. So was haben deine Mutter und ich viel zu wenig gemacht."

Und plötzlich wird es noch mal so richtig nett, weil Adrian ein Stein vom Herzen gefallen ist.

**Interaktion 2: Wie verbringen Sie jetzt Weihnachten? Gibt es kleine Rituale, die Sie machen? Wie hat sich „Weihnachten" in Ihrem Leben verändert?**

Als Adrian gegangen ist, räumt Alfred das Geschirr in die Spülmaschine. Er freut sich jeden Dienstag auf Adrians Besuch, der keine Selbstverständlichkeit ist – und natürlich kann der Sohn Weihnachten feiern, wie er will! Ist ja alt genug!

Am nächsten Morgen aber, als Alfred erwacht, hat er doch Bedenken, Weihnachten das erste Mal ganz allein zu verbringen, denn Christine muss ausgerechnet dieses Jahr an den Feiertagen arbeiten. Er wischt die Gedanken weg: „Was für ein kindisches Zeug!", ruft er laut, geht in die Küche und setzt Kaffee auf.

Am Vormittag trifft er am Bahnhof seinen Kumpel Ewald. Alfred erzählt ihm von der Aussicht, Weihnachten allein zu verbringen. „Willkommen im Club“, nickt Ewald. „Die ersten Jahre als Witwer war der Dezember der absolute Horrortrip. Ich wollte alles haben, wie es immer war. Den ersten, den zweiten, den dritten Advent und so weiter, und Heiligabend natürlich. Im Supermarkt kaufte ich Kartoffelsalat und Wiener Würstchen. Der Salat aus der Kühltruhe war eine gezuckerte Mayonnaisepampe und die Würstchen schmeckten wie ausgewrungene Socken.“ Ewald seufzt. „Ein Rat, mein Lieber: Besser ist, man verlebt Weihnachten, als wäre es ein Abend wie jeder andere. Pfefferminztee, Stulle mit Tagesschau und basta.“

Alfred sieht die Trauer in Ewalds Gesicht. „Ist nicht leicht, ein alter Sack zu sein“, meint er, und beide lächeln gezwungen.

**Interaktion 3: Was gab/gibt es bei Ihnen an Heiligabend/Weihnachten zu essen? Gibt/gab es immer das Gleiche? Wer ist/war für das Essen verantwortlich?**

Nach dem Gespräch mit Ewald wachsen Alfreds Bedenken noch mehr. In den nächsten Tagen spricht er mit vielen seiner Freunde und stellt fest, dass es allen ähnlich geht. Das Krönchen setzt Heini auf, als er erzählt, dass er sich Heiligabend grundsätzlich eine Flasche Korn und eine halbe Kiste Bier hinter die Binde gießt: „Dann haste die nächsten Tage keine Weihnachtsgefühle mehr“, blökt er und das folgende Lachen ähnelt einem Eselsruf.

Alfred denkt nach ... Was könnte man tun, um Weihnachten nicht allein verbringen zu müssen?

Und irgendwann, Tage später und nachdem er bereits langsam, aber sicher eine handfeste Panik vor dem Alleinsein an Weihnachten aufgebaut hat, kommt ihm morgens um drei eine Idee.

Nach dem Frühstück macht er sich auf den Weg in die Weser-Klause. Er bestellt ein kleines Bier, um sich den nötigen Mut anzutrinken.

„Sag mal, Klaus“, fragt er den Wirt, „was machst du denn Weihnachten?“

Klaus sieht ihn mürrisch an und antwortet: „Da habe ich geschlossen. Man will ja Weihnachten feiern. Kommt ja auch keiner.“ Er lacht sein wieherndes Lachen. Als Alfred in das Lachen nicht einsteigt, sondern nickend vor sich in das halbleere Bierglas starrt, legt Klaus das Geschirrtuch auf den Tresen und beugt sich vor: „Sag mal, warum fragst’n du?“

„Na ja, Weihnachten ist doch ...“, fängt Alfred an und schildert dem Wirt seine Idee, die Kneipe an Weihnachten für alle zu öffnen, die alleine sind. Klaus hört sich das an und nickt.

Seine Freunde hat Alfred schnell im Boot. Hedda gestaltet an ihrem Computer einen Handzettel und ein Plakat, die sie drucken lässt: „So macht man das heute. Und keine Angst: Die Kosten übernehme ich!“ Die Männer erzählen jedem vom Weihnachtsfest in der Klause. Handzettel und Plakate werden verteilt und aufgehängt und Johann erklärt sich bereit, die Telefonhotline zu übernehmen, denn um eine Anmeldung wird dringlichst gebeten: Die Weser-Klause hat ja nicht das Ausmaß des Münchner Hofbräuhauses.

Die Arbeit ist schweißtreibend, bereitet aber viel Freude. Als sich herausstellt, dass der Platz nicht ausreichen wird, mietet Klaus sogar noch ein Zelt an. Kinder und Jugendliche bieten sich an, die Weser-Klause und das Zelt zu dekorieren. Die Frauen der Stadt bereiteten Salate und Kuchen vor.

Am Heiligabend sind die Weser-Klause und das angemietete Zelt zum Bersten voll. Selbst einsame Pärchen kommen in die Klause, um nicht allein vor der Glotze abzuhängen. Die Obdachlosen kommen neugierig zur Gaststätte und werden gleich hereingebeten. Junge Menschen bringen ihre Mütter und Väter mit, bleiben aber dann, um zu helfen. Sogar der Pastor kommt vorbei und draußen vor der Kneipentür parken schließlich Dutzende von Rollatoren ...

Mit seinem Smartphone knipst Alfred ein Bild der einzigartigen Weihnachtsfeier. Er fügt dem Foto ein „Frohe Weihnachten“ hinzu, und schickt die Nachricht an Adrian.

**Interaktion 4: Weihnachten in der Kneipe oder im Gemeindehaus mit vielen anderen – wäre das auch etwas für Sie?**

Erst morgens um vier kann Klaus die Kneipe schließen. Sein letzter Gast ist, wie könnte es anders sein, Alfred. Beide nicken sich hochzufrieden grinsend zu: „Frohe Weihnachten, Klaus!“

„Frohe Weihnachten, Alfred!“

# Kapitel 20
# Alfred und der kleine Moses

Heute regnet es. Also, eigentlich hat es auch gestern schon geregnet. Und die Tage davor. Norddeutscher Winter, es ist Mitte Januar, und wie Winnie, der Landwirt, immer zu sagen pflegt: Der Unterschied zwischen dem norddeutschen Sommer und dem Winter besteht darin, dass im Winter der Regen waagerecht kommt. Alfred war fast eine Woche nicht mehr spazieren, nur vorgestern hatte er eingekauft. Heute ist Mittwoch und da trifft er sich zum Bierchen mit seinen Kumpels in der Weser-Klause. Also muss er sowieso raus. Er gibt sich einen Ruck: Wetterfeste Jacke an, Gummistiefel und los geht's!

**Interaktion 1: Gehen Sie bei jedem Wetter raus oder nur, wenn es schön ist? Wie ist es, die Natur bei Nebel und Regen zu erleben? Oder bleiben Sie lieber daheim und machen es sich gemütlich? Wie haben Sie es am liebsten?**

Schon als Alfred die Haustür öffnet, schlägt ihm der Wind fast die Tür aus der Hand. Regentröpfchen, klein, aber eiskalt, piksen ins Gesicht. Alfred nimmt seinen Rollator fest in den Griff und zieht die Kapuze so tief runter, wie es nur geht. Wenigstens ein halbes Stündchen mal durchlüften. Dann in die Weser-Klause zur Belohnung! Er geht durch die Stadt, die Straßen sind wie leergefegt. Nur Autos zischen an ihm vorbei und sprühen noch mehr Wasser auf den Gehweg. Alfred geht zu dem kleinen Stadtpark. Unter den Bäumen hofft er, ein wenig Schutz zu finden.

Er schiebt seinen Rollator über den Weg und ist heilfroh, dass dieser letztes Jahr asphaltiert wurde – sonst wäre bei diesem Wetter nichts aus dem Parkspaziergang geworden! In die Geräusche des Regens und des Windes in den Bäumen mischt sich ein hoher Pfeifton. Alfred stutzt. Was war das? Ein hohes Pfeifen, ein seltsames Geräusch. Nur ganz schwach und leise. Alfred horcht. Wenn doch nur der Wind nicht so laut an seiner Kapuze ruckeln würde. Es braust in den Bäumen und die kahlen Äste schlagen hin und her. Da – da war es wieder ... wenn zwei Äste aufeinander reiben, quietscht es manchmal ... aber nein, das klingt nicht so ...

Alfred reißt sich kurzentschlossen die Kapuze vom Kopf und bereut es sofort. Sein Haar ist im Nu durchnässt, der Wind kühlt den Kopf sofort aus – aber da ist das Geräusch wieder und es kommt von links. Er dreht seinen Rollator in die Richtung und schiebt, so schnell er kann. Immer wieder hört er gar nichts. Dann wieder ... irgendwie hört sich das verzweifelt an. Ein Lebewesen! Das war es! Das Fiepen eines kleinen, verletzten Lebewesens! Das könnte es sein!

Alfred setzt die Kapuze wieder auf, er hat jetzt genau erfasst, dass das Geräusch von der Steinbank drüben kommt. Alfred hält darauf zu und ist kurz darauf dort. Unter der Bank liegt ein kleines dunkelbraunes Bündel. Zitternd. So klein. Alfred bückt sich vorsichtig und berührt es. Das Bündel fiept und hebt das Köpfchen. Ein Hündchen! Es hat ein gelbes Halsband um mit einer langen Leine, die jemand um die Streben der Steinbank gewickelt hat. Ganz vertüddelt ist der Kleine! Alfred klinkt den Karabinerhaken am Halsband aus und nimmt das kleine Tier auf den Arm. Ein völlig durchnässter, frierender Mini-Hund, der so schwach ist, dass er alles mit sich machen lässt.

„Oh, du kleiner Hund, wie Moses aus dem Wasser gezogen ... was mache ich nur mit dir? Am besten gehen wir jetzt schnurstracks zum Tierarzt!“ Das Hündchen fiept gottserbärmlich und Alfred legt ihn vorsichtig in die Tasche seines Rollators. Aber da ist es kalt und der Kleine ist weiter dem Wetter ausgesetzt. Also nimmt Alfred ihn und steckt ihn in die große Innentasche seiner Jacke – die er dann bis zur Brust offen lässt. Da hat Moses es schön warm und trocken – und Alfred friert und wird nass, aber das ist ihm jetzt völlig egal!

**Interaktion 2: Haben Sie schon mal ein Tier gefunden? Oder davon gehört? Was ist dann damit geschehen?**

„Ich komm ja schon, ich komm ja schon! Meine Güte, wo brennt's denn?“ Herr Jürgens, der örtliche Tierarzt, hat am Mittwochnachmittag keine Sprechstunde. Aber Alfred weiß, dass er über seiner Praxis wohnt, und hat Sturm geklingelt. Statt einer Entschuldigung hält er ihm den kleinen Hund entgegen. „Oh Alfred, das ist ja ein Welpe ... komm rein und erzähl mal!“

Herr Jürgens nimmt ein Handtuch und rubbelt den Kleinen vorsichtig ab. Er reicht Alfred auch ein großes Handtuch, denn der Senior ist fast genauso durchnässt wie der Welpe. Alfred erzählt während der Untersuchung alles genau.

Der Tierarzt schaut sich das Hündchen an und meint dann: „Ich vermute mal, das ist ein Weihnachtswelpe. Er ist etwa 10 Wochen alt, wahrscheinlich war man jetzt schon genervt von der Verantwortung, und dass so ein Tier dann doch mehr einfordert, als nur süß in der Ecke zu liegen." Er schüttelt den Kopf. „Jedes Jahr warnen wir davor, Tiere zu Weihnachten zu schenken. Und jedes Jahr platzen die Tierheime Anfang des Jahres aus den Nähten."

Er setzt den Hund auf den Boden und schüttet Welpenfutter in einen Futternapf und meint: „Ich denke, er ist gesund, aber ich würde ihn gern noch ein paar Tage hierbehalten, um ihn zu beobachten. Nicht dass er sich bei dem Wetter noch was eingefangen hat." Dann fragt der Tierarzt: „Alfred, was willst du mit ihm machen?"

„Was ist das denn für einer? Wird er sehr groß?"

„Ich kann das nicht genau sagen, ich vermute, dass es ein Mischling ist, Dackel ist drin, vielleicht ein bisschen Terrier ... Das weiß ich erst, wenn er größer ist, aber ich denke, es bleibt ein eher kleiner Hund."

Der Kleine hat sich über das Welpenfutter hergemacht und sein kurzes Schwänzchen fängt an, allerliebst hin und her zu wedeln. Er läuft zu Alfred und leckt ihm die

Hand ab. Alfred schmilzt dahin. Dabei kann er doch wirklich keinen Hund aufnehmen. Aber dieses kleine Köpfchen mit den Knopfaugen ...

**Interaktion 3: Was kann Alfred machen? Welche Möglichkeiten sehen Sie? Haben Sie Tiere gehabt oder haben Sie noch welche?**

Nun ist Alfred zu spät zur Weser-Klause unterwegs, aber er musste noch dringend telefonieren. Natürlich gibt es ein großes Hallo, die üblichen Sprüche und die Verpflichtung, als Zuspätkommer die nächste Runde zu spendieren, als er den Gastraum betritt.

„Mensch Freddie, ich kenn dich jetzt satte fünfundfünfzig Jahre, aber zu spät warst du noch nie!“, Günther sieht ihn fast etwas besorgt an. Aber nein, Alfred sieht nicht aus, als habe er etwas Schlimmes erlebt. Im Gegenteil, er strahlt die Runde an! Dann erzählt er alles.

„... und dann kommt das Beste! Ich wusste gleich, dass ich ihn nicht nehmen kann, so ein Kleiner muss ja noch so viel lernen, und dann wohne ich im zweiten Stock, wahrscheinlich ist er noch nicht stubenrein. Aber ich habe meinen Sohn Adrian angerufen! Du, Adrian, hab ich gesagt, du hast doch öfter schon mal über ein Haustier nachgedacht – ich hab eins für dich. Ich helfe auch mit dem Gassigehen. Natürlich war er erst zögerlich, aber seine Frau, die Monika, war gleich begeistert! Und, Jungs, wie isses, wenn die Frau sagt: Das machen wir?“ Die Runde echot: „Dann machen wir!“ Sie lachen und stoßen auf den kleinen Moses an. Gerettet aus dem Wasser – von Alfred.

# Kapitel 21
# Alfred Sherlock Holmes

Alfred hat schon immer gern gelesen. Weil seine Augen schlechter werden, liest er aber schon seit einiger Zeit keine echten Bücher mehr. Er hat von seinen Kindern ein elektronisches Lesegerät, einen „E-Book-Reader“ bekommen. Damit kann er die Schrift so groß machen, wie er möchte – und die Seiten sind auch noch schön gleichmäßig beleuchtet! Am liebsten mag Alfred Detektivgeschichten, bei denen man dem Kommissar oder dem Detektiv über die Schulter schaut. Natürlich sind seine Helden Sherlock Holmes und Hercule Poirot.

**Interaktion 1: Lesen Sie gern? Haben Sie auch einen elektronischen Reader oder lesen Sie Bücher, vielleicht mit einer Lesehilfe? Welche Bücher mögen Sie am liebsten?**

Alle seine Freunde wissen, dass Alfred diese Bücher so liebt. Daher wendet sich eines Tages Günther an ihn: „Du, Freddie, du liest doch so viel Krimizeug. Kannst du mir helfen?“ Alfred runzelt die Stirn – als „Krimizeug“ möchte er seine Lieblingslektüre eigentlich nicht bezeichnet wissen. „Ja, sehr gern. Wie kann ich dir helfen? Möchtest du dir ein Buch leihen?“

„Nein, Gott bewahre, ich habe in der Schule mal eins gelesen, das war so langweilig, hab ich nie wieder gemacht. Aber bei mir ist etwas Rätselhaftes passiert, eigentlich brauche ich einen Detektiv, und da dachte ich an dich!“ Nun ist Alfred geschmeichelt, zieht seine Jacke an und folgt Günthers elektrischem Rollstuhl bis zu dessen Wohnung. Zum Glück lebt Günther in der Nähe.

„Weißt du, Freddie“, erzählt Günther auf dem Weg. „Ich komm vorhin nach Hause. Da steht ein Fenster weit auf, das Wohnzimmer ist verwüstet und der Kanarienkäfig liegt offen auf dem Boden. Otto, mein Kanarienvogel ist zum Glück noch da, er traut sich ja nicht zum Fenster raus, was bin ich froh!“ Alfred bleibt entsetzt stehen.

„Günther, da musst du die Polizei holen und nicht mich! Bei dir ist eingebrochen worden!“

„Ach Alfred, das war auch mein erster Gedanke. Aber dann habe ich nachgeguckt. Es fehlt nur ein einziger Hundert-Euro-Schein, den ich für meine Putzhilfe rausgelegt habe, die morgen kommt. Ist ja der Erste und da bezahle ich sie immer.“

Alfred überlegt. Er weiß, dass Günther immer sehr viel Geld in seiner Wohnung hat. Mit seinem Elektroroller fährt er nur einmal im Monat zur Bank, hebt die Rente ab und teilt sie sich ein. Diebe hätten sicher mehr mitgehen lassen. Zudem wohnt er im dritten Stock und besagtes offenes Fenster geht zum Balkon hinaus. Fassadenkletterer? Wer weiß?

**Interaktion 2: Lassen Sie Ihre Fantasie und Ihren Detektivsinn spielen: Fassen Sie noch mal zusammen: Welche Spuren hat Günther entdeckt? Was könnte passiert sein?**

Als sie Günthers Reich betreten, ist Alfred ein bisschen aufgeregt. Eine echte kleine Detektivgeschichte. Wie die großen Spürnasen in den Romanen lässt er sich alles erst mal genau zeigen: Das Tischchen, von dem der Vogelkäfig (in dem Otto jetzt wieder äußerst zufrieden sitzt) heruntergefallen ist. Das offene Fenster. Was in der Wohnung umgestoßen war. Alfred Sherlock Holmes findet aber noch weitere Spuren: Das Ledersofa weist an einer Seite eine lange Kratzspur, fast einen Riss auf. Ganz kleine Schmutzflecken sind auf der Fensterbank. Und als Alfred den Balkon betritt, ist der Fall für ihn klar: In den Blumentöpfen, die in der Ecke zum Nachbarbalkon stehen, sind kleine Pfotenabdrücke, die zu den Schmutzspuren auf dem Fensterbrett passen.

„Ich glaube, ich habe den Fall gelöst." Alfred grinst. „Aber eines weiß ich noch nicht genau ... wo ist der Geldschein?" Günther ist erstaunt. „Du meinst, der ist gar nicht geklaut?"

„Ich gehe davon aus, dass der Dieb keinerlei Interesse an Geld hatte. Wo saß denn Otto, als du nach Hause gekommen bist?" Günther ist sehr erstaunt über diese Behauptung. Welcher Dieb hat denn kein Interesse an Geld? „Otto saß da oben, auf dem Wohnzimmerschrank", antwortet er. „Er hat da so komisch rumgepickt, als ich kam, und wollte sich gar nicht locken lassen. Erst als ich eine neue Hirsestange in den Käfig gehängt habe, kam er an."

„Prima, dann ist mir alles klar!“, denkt Alfred und stellt sich am Wohnzimmerschrank auf die Zehenspitzen. Er langt hinter die Verzierung aus geschnitztem Holz und ... fördert einen völlig zerpickten grünen Geldschein zutage.

Günther steht der Mund offen. „Wie? Wie ist das Geld da hingekommen? Was ist passiert? Und vor allem: Woher wusstest du das?“ Alfred grinst breit. Ein gutes Gefühl, mal Sherlock Holmes zu sein!

**Interaktion 3: Rekonstruieren Sie den Fall! Tragen Sie die Indizien zusammen und erklären Sie Günther, was genau geschehen ist!**

Alfred nimmt dankbar ein Glas Wasser von Günther an und setzt sich auf das Sofa. Er deutet auf die Kratzspur am Sofa und die Schmutzflecken auf dem Fensterbrett. „Ich glaube, dass eine Katze hier drin war! In den Blumentöpfen sind eindeutig Pfötchenspuren, sie sind recht tief, ich denke, sie ist vom Nachbarbalkon gesprungen und in deiner Blumenerde gelandet. Dann ist sie durch das offene Fenster hereinspaziert und hat sich deine Wohnung angeschaut. Als sie Otto entdeckt hat, hat sie den Käfig umgeworfen, der durch den Fall aufgegangen ist. Dann wurde der arme Vogel von ihr durch die Bude gejagt, was das Chaos erklärt und die Kratzspuren. Dabei muss Otto auf dem Geldschein gelandet sein und ihn mit seinen Krallen mitgerissen haben. Wahrscheinlich hat er sich dann auf den Wohnzimmerschrank geflüchtet. Als die Katze gemerkt hat, dass die Jagd sinnlos ist, oder als du zurückgekehrt bist, ist sie wieder ab durchs Fenster. Und Otto saß auf dem Schrank und zerpickte den Geldschein. Ich glaube, den kann man in der Bank gegen einen neuen eintauschen.“

Günther strahlt seinen Freund mit dem kaputten Schein in der Hand an. Alfred ist doch der Beste!

# Anhang: Sudoku

| | | | |
|---|---|---|---|
| 2 | | | |
| | | 3 | |
| | 4 | | |
| | | | 1 |

| | | | | | |
|---|---|---|---|---|---|
| | | | 5 | 2 | |
| 3 | 2 | | | 6 | |
| 5 | | 2 | 3 | | |
| | | 4 | 2 | | 6 |
| | 5 | | | 1 | 4 |
| | 4 | 5 | | | |